新GK論

10人の証言から読み解く
日本型守護神の未来

田邊雅之

KANZEN

新GK論

10人の証言から読み解く日本型守護神の未来

まえがき

「あとはやはり、ＧＫのレベルアップがポイントになると思う」

サラエボ市内の目抜き通りにある、小さなレバノン料理店。テラス席に座ったイビチャ・オシムは、こちらの目を見据えながら、念押しするように繰り返した。

オシムは昔から、日本サッカーに様々な提言を行ってきた。

最もよく知られているのは、日本サッカーの日本化というテーゼだろう。

体格に劣る日本人選手が世界と戦うには、組織力や連動性、スタミナ、アジリティで勝負していくしかない。オシムが示唆した未来へのヴィジョンは、強い説得力を持っていた。膝を打ち、何度も首肯された方も多いのではないか。

僕自身もそんな一人だったが、国内外でサッカーの取材を続けるにつれて、とある疑問が頭をもたげるようになった。はたしてオシム流のロジックは、ＧＫにも当てはめ得るのだろうか、というものである。

たしかにフィールドプレイヤーなら、日本人選手が持つ特徴を活かして戦っていく姿はイメージしやすい。かつては海外における経験の乏しさが指摘されていたが、今や欧州のクラブチームでプレーするのは珍しくなくなってきている。

事実、「欧州組」は、ピッチ上の様々なエリアで実績を積み上げてきた。

センターフォワードの岡崎慎司は、レスター・シティの一員として、まさに歴史的なプレミアリーグ制覇に貢献している。現地の目の肥えた記者の間では、小野伸二や中田英寿が中盤においていかに眩い輝きを放ったかが、いまだに話題に上る。

日本人選手はディフェンスラインでも存在感を示してきた。長友佑都と内田篤人は左右のサイドバックとして、チャンピオンズリーグの檜舞台で相まみえた経験を持つ。吉田麻也は、世界一フィジカルなサッカーが展開される島国で、サウサンプトンの屋台骨を支えている。長谷部誠はフランクフルトのキーマンとして、チームのEL4強進出に貢献したばかりだ。

しかし自陣の最後方を振り返ってみると、そこには異質な風景が広がっている。

むろん日本のサッカー界は、欧州に守護神も送り込んできた。川口能活、林彰洋、川島永嗣といった面々は、道なき道を意思の力で切り拓いてきた。ベテランの権田修一はJリーグでのレギュラーの座を捨ててまで、3度目の欧州挑戦に踏み切ったし、山口瑠伊や小久保玲央ブライアンのように、異国で自らの殻を破ろうとする若い世代も登場してきている。

だが日本人GKは、深い痕跡を刻んできたとは言い難いのが実情だ。

誤解のないように断っておくと、それはテクニックやスキルの違いによるものではない。言葉の壁や出場枠、経験値の不足によるものでさえない。むしろサッカーというゲームが持つストラクチャー、根本的なルールや前提条件に起因するものだ。

サッカーは11人で行う競技だが、GKは基本的に一人でプレーしなければならない。

近年のサッカー界では、攻守における連携が重視されるようになったとはいえ、ＧＫの場合はチームメイトが身近にいない状況が当たり前になっている。

これは組織力で対抗するという発想が、当てはめにくいことを意味する。

またペナルティエリアは、ピッチ上のいかなる場所よりも、彼我の体格差が物を言う魔境でもある。サイドから放り込まれたハイクロスを、１９０センチ台の高さと野生動物の如きジャンプ力を誇るＦＷが頭で叩き込む。あるいは陸上選手並みのスプリントとバネを持つ選手が、時速２００キロに及ぼうかという弾丸シュートを放ってくる。

いかに緻密にロジックを構築して、チーム全体の連携を高めていても、これに対抗するのは容易ではない。海外のクラブチームや代表チームが、多少テクニックに劣っていても、物理的に「壁」になれるような人材を重用する所以だ。

だが日本代表が国際大会に臨めば、ＧＫは否が応でも同じ土俵に上がらなければならない。しかもゴール前での攻防は結果に直結するし、気まぐれな幸運の女神がそっぽを向いてしまうケースも多い。

前線の選手たちが必死にパスをつなぎ、幾度となくスペースに走り込み、苦労しながらようやくゴールを奪っても、その直後にたった一本のシュートで追いつかれ、あっけなく試合をひっくり返されてしまう。衝撃的な場面を、僕たちは何度も目撃してきた。

ならば日本人ＧＫは、いかにして世界と戦うべきなのか。

オシムが掲げた「日本サッカーの日本化」という指針をどのようにして自らの血肉とし、具体的なノウハウに昇華させていくべきなのか。本書に収録されたインタビューは、すべてこの問題意識を念頭に置いて実施されたものである。

ただし取材の際には、そもそも彼らが何故にGKになったのか――何を経て最終的にゴールマウスにたどり着き、サッカーというスポーツと、GKという職業をどう捉えているのかについても、できるだけ踏み込んだつもりだ。

それはGKとして生きることの意味を、本人たちに解説してもらう作業に他ならない。

GKとは因果な職業だ。他の選手たちが足でボールを蹴り、相手のゴールにシュートを入れようとするのに対して、あべこべの役回りを演じている。

試合が始まれば、手を使うことが唯一許される代わりに、シュートを入れるのではなく、シュートを入れられないように腐心する。それでいてスポットライトを浴びる場面は少ない。サッカーとの関わり方、ひいては人生について内省するのは当然だろう。

GKは孤独な佇まいにおいても、コメントの味わい深さの点でも、ピッチ上の哲学者としばしば評される。事実、取材の席上では、誰もが独特なサッカー観や人生観、GK哲学について率直に語ってくれた。試合中の勇姿からはおよそ想像もつかぬ、知られざる素顔を覗かせたことも幾度となくあった。

彼らは何を思ってピッチに立ち、チームを進化させる「ラストピース」として、日本サッカーの未来をいかに切り拓こうとしているのか。

寡黙にして雄弁なる、守護神たちとのダイアローグを愉しんでいただければ幸いだ。

CONTENTS

＊本書は主に、『フットボール批評』（カンゼン）、『Number』（文藝春秋）などに掲載された原稿を加筆・修正したものです。原稿中の日時、選手等の所属先、年齢等は掲載当時のものです。

なお、著者による考察文では、敬称を省略させていただきました。

イラストレーション　サイトウユウスケ
写真　田中伸弥、田邊雅之、松岡健三郎、Getty Images
編集協力　三谷 悠、佐藤英美
編集　森 哲也（株式会社カンゼン）
DTP　株式会社ライブ
ブックデザイン　albireo

1 SEIGO NARAZAKI

「GKは苦しい状況でこそ力になれる存在」

小さな身体を大きく見せるスキル

楢﨑正剛

2019年1月、24年に亘るプロキャリアに終止符を打った楢﨑正剛は、幾多の記録を樹立してきた。4大会連続でのW杯メンバーへの選出、J1通算600試合出場、またGKとして初となるJリーグ年間MVPに輝くなど、日本サッカー界が輩出した不世出のGKだといっても過言ではない。ところがプロ入りするまでの楢﨑は、独学でスキルを磨き続けた人物でもあった。曰く、「プロになって学んだことは、自分がやってきたことの延長線上にあった」。日本独自の「部活」で育まれたGKは、いかにして世界と戦う術を身に付けたのか。貴重なインタビューを通して、GK哲学の真髄に迫る。

（取材日：2017年1月20日）

独学でプレーしていた中学時代

――楢﨑選手は、日本サッカー界を代表するGKの一人として、長年活躍されてきました。そもそもGKになられたきっかけは、どのようなものだったのでしょう。今日の楢﨑さんが形作られた、バックグラウンドから教えてください。

「周りの人よりも背が高かったので、GKをやってみろと言われたことですね」

――それは奈良県の香芝中学の頃ですか？

「いやもっと早くて、小学校の4年生からです。ただ小学校の頃は、GKをやるようになってからも、フィールドプレイヤーと掛け持ちしていました」

――GKに専念するようになったのは？

「中学2年の頃だったと思います」

――子どもの頃は、誰もがセンターフォワードや10番に憧れます。GKというポジションに、抵抗はなかったですか？

「まったくなかったですね。ボールを取ったり投げたりするのが得意というか、それほど苦にせずにできていたんで」

――GKに専念されるようになった頃、憧れた外国人選手などはいました？

「当時は、あまりよくわからなかったですね。

でも1990年にイタリアでワールドカップが行われたときには、夢中になって試合を見ていました。そのときに出場していたGK、ドイツで言えば（ボド・）イルクナー、イタリアなら（ワルテル・）ゼンガ。アルゼンチンの（セルヒオ・）ゴイコエチェアは印象に残っています。

特にゴイコエチェアの場合は、もともとセカンドGKだったのに正GKが予選で怪我をしてチャンスが巡ってきた。そこで活躍したことで、チームが決勝まで上り詰めるのに貢献したというドラマもありましたし」

――何かを学んでやろう、あるいは技術を盗もうという意識は？

「（技術を）盗むという気持ちもあったかもしれないですけど、それ以上に、一流の選手たちのプレーをリアルタイムで見ることができたのは、単純に刺激になりましたね。

もともと当時は、サッカーの試合自体、テレビで頻繁に見る機会はなかった。自分は小学校から真剣にサッカーをやっていましたが、やはり今から考えれば、遊び程度のものだったと思いますし。

1990年と言うと、ちょうど14歳で中学2年じゃないですか。真剣にGKのプレーを学んでいこうとしているときに、そういう大会が重なったのは、とても運が良かったし、勉強にもなりましたね」

——つまり当時は、独学でGKのプレーを学んでいたと。

「中学のときはそうですね。専門的に習ったことも全然なかったですから。

たしかに選抜チームに行けば、専門的な指導を受ける練習も少しありましたけど、日常的に習っていたわけではないので、独学と言えば独学だったんじゃないかと」

——ワールドカップを見たり、テキストを書店で買って覚えていく感じですか？

「たとえば中学の部活だと、その中学の伝統じゃないですけど、先輩から代々引き継がれてきた、GKの練習みたいなのがあるじゃないですか？」

——そのノリは懐かしいですね（笑）。どの学校でも、そういう秘伝のノウハウがなんとなくあるんですよね。

「ええ。それにプラスして、テレビでプロのGKがトレーニングをしている映像が流れたときに一生懸命に覚えて、自分でも真似をするという」

―体系的な指導を受けるようになったのは、奈良育英高校に進学してからですか？

「基本的にはそうですね。とにかくポジショニングと脚の運びが大切だと、何度も言われましたから。

でも高校に進んでからも、それほど専門的な指導を受けたわけではなかった。そもそも専属のGKコーチなんていないじゃないですか。サッカー部の監督が、GKの練習を見てくれる機会もたまにあったのですが、指導を受けるのはそれぐらいで。あとはトレセンの合宿に行ったときに、GKコーチに少し指導してもらうぐらいでしたね」

―トレセンで指導を受けてみて、これは驚いたというような内容は？

「いや、目から鱗的なことは特になかったです。基本的なことは、中学時代、サッカー部の監督からすでに言われていましたから。

むしろトレセンの合宿では、専門のGKコーチから教えてもらう経験ができただけでも、嬉しかった覚えがありますね（笑）」

―高校卒業後、楢﨑選手は横浜フリューゲルスに入団します。プロのGKコーチからは、どんな指導を受けましたか？

「入団1年目は栗本さん[*注1]がコーチで。コンディショニングの仕方を教わったり、自分でもシュートを打ってみたりしながら、対応の仕方を覚えていくとか。そういう練習が多かったんです。

そして2年目からは、ブラジル人のマドロッピになって。マドロッピからは細かいことも学びましたね。彼は経験も豊かで、大きな舞台でプレーしたこともある。外国人のコーチなので、日本人とちょっと違う視点というか、細かく指導を受けた感覚はあります」

――細かいことというのは、具体的にどのような内容ですか？

「キャッチの仕方ひとつ、足の動き方ひとつに関して、いろいろアドバイスをもらいました。試合に臨むためのメンタル的な準備の仕方もそうですし、すべてにおいてですね。

あの頃は考える暇もなく、とにかく練習が進んでいった印象が強いんですが、よく会話もしましたね」

――プロの指導は、さすがに今までと違うという感覚は？

「特に真新しいという感覚はなかったですね。

もちろんプロの選手になった以上、さらに自分のレベルを上げていかなきゃいけないという意識はありました。

でもマドロッピに関しても、教えてもらったのは、ある意味では、すべて基本的なことで。高校のときに学んでいたこととベースは一緒だった。だから、むしろ自分がやってきたことの延長線上で、プロの指導を受けたという印象のほうが強かったですね」

最も重要なスキルはポジショニングと足運び

――ここまでバックグラウンドに関することをお尋ねしたのには、理由があります。日本人のGKは、ヨーロッパ系の指導者に学んだ選手、南米系の指導者に学んだ選手、そして日本人の指導者に学んだ選手に大きく分けられます。換言すると、日本のサッカー界ではGKの育成に関する指針が確立されてこなかったために、様々なノウハウが入り交じった状態が続いてきました。

楢崎選手は、一貫して日本で活動されてきましたし、学生時代は独学に近い形でノウハウを学ばれたと聞いています。

にもかかわらず、世界に通用するスキル、プレースタイルを身に付けたというのは、きわめて稀なケースだと思うんです。この点についてはいかがですか？

「僕の場合、中学くらいまでは理詰めというよりは、自分の感覚だけで練習していた印象が強いんです。GKにとって一番ベースとなるポジショニングや足運びは、高校になってから少しずつ覚えていきました。

キャッチングの仕方については、それほど細かなことは言われなかったですけど、足の運び方の大切さは、とにかくすごく言われましたね。すべてはそこに通じるというか」

――GKはキャッチングやパンチング、フィード、ブレイクアウェー（クリア）など、試合中に様々なプレーをこなしますが、やはりポジショニングと足運びが、基本中の基本になってくると？

「ええ、そこはかなり大事だと思います。

たしかに高校卒業後は、横浜フリューゲルスに加入して、プロのGKコーチの方々に多くのことを学ばせてもらいました。

また今日に至るまでは、南米やヨーロッパのGKコーチにも出会いましたが、一番大切な要素を身に付けていれば、違う国のコーチから指導を受けても、それほど戸惑うことはないんじゃないかと。国ごとにいろんな考え方があるにせよ、最も大切なところは共通していると思うんです」

――だとしても、日本に居ながらにして、世界に通用するスタイルを自然に身に付けたのは、特筆すべきことではないでしょうか。

僕は2002年の日韓大会のとき、イングランドのプレスと一緒に動いていたのですが、向こうの連中は楢﨑さんを見て、本当に驚いていました。「なんで日本にあんなGKがいるんだ？　外国のリーグでプレーしているのか？」と何度も尋ねられたぐらいです。

「本当ですか？　だったら、もっと早く言って欲しかったですね。外国の人に評価されるというのがわかっていたら、もっと自信を持ってプレーしてこられたと思うし（笑）」

――楢﨑さん自身は、GKとしての特徴や強みがどこにあるとお考えですか？

「正直、自分ではちょっとわからないですね。でも目指してきたものは、常に一貫していたように思います。

たしかにサッカー界は、どんどん変わり続けています。GKのプレースタイルに関しても、当然、進化してきた部分はあると考えています。

でもGKにとっては、やはりまずはきちんとゴールを守るというのが何より大事だし、そこが一番のベースになるはずなんです。

現に、（ジャン・ルイジ・）ブッフォンや（ペトル・）ツェフといった選手は、決して目新しいことをするわけじゃないけど、すごく安定感のあるプレーができる。だからこそ、今のサッカー界でも第一線で活躍し続けているのだと思います。

僕はああいう姿こそ、ＧＫの理想だと思っているんです」

――今、ＧＫに求められるスタイルが進化してきたというお話がありましたが、それは肌で感じますか？

「ええ、すごく感じますね。

たとえばルールが変更になって、ＧＫがバックパスを手で処理できなくなったときには、足元の技術がすごく求められるようになりました。

その後は、もっとアグレッシブにプレーしたり、守備範囲の広さが求められるようにもなってきています。極端な話、こういう変化は毎年、起きているような気がしますね」

絶対に変わらないＧＫの大事な役目とは？

――最近では、ドイツ代表のマヌエル・ノイアーのような「スウィーパー・キーパー」が脚光を浴びています。

「もちろんそういう役割を要求されるのもわかるし、オールラウンドにプレーできるようにするための技術は、プロとして持っていなければいけないと思います。

でも僕が強調したいのは、やっぱりそれだけでは、だめだろうということなんです。プロの中にはインパクトのあるプレーばかりをしようとする選手もいるけど、僕らにとって一番大事な役目は絶対に変わらない。ゴール前での守備だと思うんです。

実際、ノイアーにしても、決して前に出るプレーだけで評価されているわけじゃない。むしろゴールをしっかり守った上で、前に出ることもできるような選手が、GKとしての完成形として評価されるようになった。そう捉えるのが正しいと思うんです。

いずれにしても、何か特定のプレーだけを得意にしているようなタイプの選手は、なかなか難しいと思いますね」

――ご自身のプレースタイルに関して、長年のキャリアを通じて変わったり、進化したと思う部分はありますか？

「自分ではよくわからないですけど、GKもチームのひとつの駒なので、監督が目指すサッカーのスタイルによって変わってくる部分も当然ありますよね。

だから僕は、そういう意味でもサッカー界の大きな流れ、プレースタイルの流行り廃りを、必要以上に気にしないようにしているんです。プロである以上、GKは監督やチームの変化に順応して、自分に求められるプレーをしていくべきだと思っていますから」

――チームが目指すサッカーの親和性という点に関してですが、代表でもクラブチームでも、この監督の、このサッカーのスタイルはしっくりきたというケースは？

「しっくりきたというか、プレーの幅を広げる上で勉強になったのは、フィリップ・トルシエ監督やセフ・フェルフォーセン監督、ドラガン・ストイコビッチ監督といったヨーロッパの監督の方たちですね。

ヨーロッパ系の監督の方たちはブラジルや日本人の監督の方たちよりも、GKに求めるものがはっきりしていたように感じました」

――具体的には、どのような点に関してですか？

「トルシエ監督はアグレッシブにプレーしろと。前に出て止めるスタイルですね。守備範囲の広さが、すごく求められました。

フェルフォーセン監督の場合は、ビルドアップにもっと絡めと言われました。もともと彼はオランダ人で、GKがDFと一緒にボールをつないで組み立てていくスタイルを重視していた。だからボール回しをしていくときにどこでパスをもらえとか、どこでDFをサポートしろと、細かくリクエストされたのを覚えています」

――ストイコビッチ監督はいかがでした？

「もちろんGKはDFとビルドアップしていくのですが、彼が求めていたのはオーソドックスなスタイルで、そんなに複雑なことは言われなかった。

DFがボールを回しているうちにプレスをかけられて苦しくなったら、うまくボールをもらって、次のプレーを選択しろと。自然にビルドアップに絡んでいくイメージですね。

それにプラスしてストイコビッチ監督の場合は、守備に関する指示が、とにかくクリアーでした。たとえば、このエリアはDFがきちんとケアするから、ここからのシュートはGKが対応しろというように、役割分担がはっきりしていた」

――ストイコビッチ監督には、何度かロングインタビューをしたことがありますが、楢﨑選手に絶大な信頼を抱いていました。

ペナルティエリア外からのミドルシュートは、ほぼ確実に止めてくれる。だから自分は安心して試合を見ていられるんだと。

「それはそれで逆にプレッシャーですけど（笑）、GKはこの部分をしっかり守る、DFは相手にこういうことをさせないようにするという約束事が、きちんと共有できていたのは事実です。そういう環境だと、精神的に落ち着いてプレーできるようになるんです」

――ご自身、ミドルシュートなら絶対に止められるというような感覚は？

「特に得意なわけではないですよ。でも、その距離ならゴールに入れさせないぞという気持ちは、必ず持つようにしていました。

ＧＫはそういう強い気持ちを持っていなければならないし、精神的な駆け引きを有利にしていく上でも、相手にそう思わせておく必要がある。実際、ミドルを決められた場合には、自分で自分を責めていましたし」

――先ほど、トルシエ監督から前に出るプレーを求められたという話がありましたが、守備範囲は広いほうだと思われますか？

「よくわからないですね。

ただ守備範囲が広いと言っても、ただ前に出ればいいってわけではないんです。それで後ろに空いたスペースを突かれたりするというのは、あってはならない話ですから。

やはりＧＫに大切なのは、様々な要素のバランスだと思うんです。

まず正しいポジション取りをした上で、状況に応じて、正しい判断をしていくことが必要になる。その結果として、前に出ていくことが必要となれば、いいタイミングで飛び出していくし、逆にゴールのところで構えていたほうがいいような場合には、きちんと準備をする。それが一番大事じゃないかと思います」

試合中は常に葛藤の繰り返し

――「バランス」という単語は象徴的ですね。

GKを分析したとき、前に出るタイプと引いて構えるタイプ、読みの良さで勝負するタイプと、瞬間的な反応の速さで勝負するタイプに分かれるとすると、楢崎選手はマトリックスのちょうど中央、一番バランスのとれた位置にいる。それがGKとしての最大の特徴であり、強みであるとも思うんです。

しかもシュートに対する反応の速さに自信があるから、ぎりぎりの瞬間まで待つこともできる。それが精神的な余裕というか、プレーの懐の深さにつながっているのかなと。

「僕自身、今でも判断を間違えることもあるし、ミスすることもありますけど、前に出て迷うぐらいなら、慌てずに冷静に構えて処理したほうがいいんじゃないかと思っています。

でも一方では、思い切って出ていくところは、やっぱり出て行きたいという矛盾した思いももちろんあります。試合をしているときは、ずっとその葛藤の繰り返しですよ」

――楢﨑さんは代表でもクラブでも、最長の出場時間を誇っている。これまでのキャリアの中で、理想とするセービングができたと記憶に残っている試合はありますか？

「どうかなあ……あまり覚えてないですね。

仮に失点しなくとも、本当にベストなプレーができていたかどうかは、わからないじゃないですか。逆に自分では意識していなくとも、いいセービングをしていた試合もたくさんあるでしょうし」

――逆に悔いが残る試合は？

「嫌な試合はパッと出てきますね。

トルシエ監督の頃、代表のヨーロッパ遠征でフランスに0-5で負けた試合とか、2004年、ジーコ監督時代のキリンチャレンジカップでドイツに0-3でやられた試合とか。いろいろありますよ」

――でもフランス戦に関してはGKの問題というより、チーム全体の力が違いすぎたという側面のほうが強いのではないでしょうか。

亡くなった松田直樹さんも、フランス戦に関しては「アンリが笑いながら自分を抜いていった」とインタビューで振り返っています。

「マツらしい感想ですね。あの試合の後、マツと二人で話し込んだんですが、そのときも同じようなことを言っていました。

ただフランス戦に関しては、チーム全体としての力の差もあったけど、自分もミスをしてしまった。そこが悔しいんです。GKというのは、チームが苦しい状況に追い込まれたときにこそ、失点を防いで力になれる存在だと思っていて。フランス戦では、そういう形での貢献ができませんでした」

世界で勝つために必要な日本人GKの日本化とは？

――ここからは、日本人GK全体の可能性について質問させてください。

楢﨑さんは外国人選手と比べても体格的にさほど遜色がないわけですが、世界との差を感じるようなケースはありますか？

「フィジカル面は全然違うと思いますね。サイズについて言えば、僕なんかヨーロッパの

ＧＫに比べれば小さいほうだし、パワーでもかなわないような気がしています。

もちろん外から観ているだけなんで、実際のところはわかりません。一緒に練習すれば、もっとはっきりしたことが言えると思うんですけど、根本的な体格の違いや筋力の差は、なかなか埋められないんじゃないですか」

――ハリルホジッチ監督は、身長が190センチ以上でないと、ＧＫとして世界に通用しないという発言までしています。こういう考え方については、いかがですか？

「もちろん、身長があるに越したことはないですが、高さが足りないのであれば、どうしたらいいかを考えていったほうがいいと思います。

僕たちは日本人でサイズの点では不利なわけですから、もっと違うアプローチを探っていったほうが、得られるものはもっと大きいような気がします。外国のやり方を単純に真似しようとしても、難しいでしょうし」

――では体格差や筋力の差を克服して、日本人ＧＫが世界に対抗していくためには、何が鍵になると思いますか？

「プレーのスピード感は必要だと思います。

もちろん大きな選手を選んで強化していければ理想的かもしれないですけど、現実には難しいと思いますから。

でも、その代わりに日本人にはアジリティや俊敏さ、組織性の高さがある。そういういいところを、いかに伸ばしていくかがポイントになるんじゃないですかね」

――かつてイビチャ・オシムが提唱した「日本サッカーの日本化」というコンセプトは、GKに関しても当てはまると。

「ええ、当てはまると思います。

素早くポジショニングをしたり、とっさに正しい判断をしていけば、シュートコースにきっちり入って、相手のFWにプレッシャーをかけていくこともできる。リアクションも速くなりますしね。

それを徹底していくと、身体の小さな日本のGKでも、自分の身体を実際以上に大きく見せることができるはずなんです」

――適切なプレーが、視覚的にも身体を大きく見せるというのは説得力がありますね。

ただしそのためには組織的なプレー、DFとの連動性や、守備戦術の共有も不可欠になってくる。

「もちろん。そこはすごく大事な要素です。

たしかに代表の選手には、海外に出て活躍できるぐらいの能力が求められます。選手一人ひとりが技術、体力、戦術理解のすべての面で世界レベルになっていかなければ、対抗していくのは難しくなる。

でも同時に日本代表は、チームとして戦うわけじゃないですか。試合は組織力の勝負になるわけだから、ＧＫが守備の組織をオーガナイズしていくのは肝だと思います」

――まさに同感です。でも私は、そこにこそ日本人のＧＫを巡る、最後の大きな課題が残されているような気がしていて。

オシムなどは、ＧＫに関しても、体格の問題などはさほど口にしなかった。むしろ「ＧＫの戦術」が共通理解されていないことが問題なんだと、繰り返し指摘していました。

現に育成の現場を取材しても、キャッチングやパンチング、フィードなどのテクニカルな練習はしていても、ＧＫの戦術を選手に教えているようなケースは多くない。ＧＫを軸に、守備陣全体で戦術を摺り合わせていく発想も、乏しいような印象を受けます。

「そこは、たしかにそうですね。ＧＫコーチが、いわゆるＧＫの戦術を細かく教えたり、ＤＦまで含めた守備陣全体の戦術練習をしているようなケースは、まず見ないですから」

――原因は、どのへんにあると？

「まず、役割分担の問題はあるでしょうね。

ゴール近くの守備に関するものでも、戦術の指導は監督が行うことになっているクラブが、ほとんどを占めていますから。

それと同時に、やはりGKの戦術というもの自体が、あまり共有されていない部分はあると思います。もちろん、どの指導者の方たちも一生懸命に努力されているので一概には言えないにしても、GKとして第一線で活躍した選手が、まだそれほど多く指導者になっていないという事情も影響しているのかもしれません」

――でもそこが変わっていかないと、本当の意味で、日本人GKのレベルはなかなか上がっていかないのではないでしょうか。

実際、フリーキックで壁を作ったときの対応の仕方[*注2]にしても、GKの戦術が理解されていないために、初歩的なミスが起きたりします。この点についてはいかがですか？

「壁を作ったときのポジション取りの仕方などは、誰もがきちんと知っておかなければならない、GK戦術のひとつだと思いますね。

たとえば闘莉王のような選手は知っているけど、そういう選手はまだ少ない。Jリーグだと、壁を越えてフリーキックが入った場合、GKは何をやっているんだと思うような選手さえいるかもしれないし。

いずれにしても、ＧＫの戦術が全体に浸透しきっていないのはたしかですね。コーナーキックの守り方などに関しても、ＧＫが主導権を持って、味方に伝えていけることはたくさんあるんです。

ベーシックな戦術についてはチーム全体のやり方があると思いますけど、ＧＫが何を考えて守っているかということを、きちんとわかってもらえるように摺り合わせていくことはやはり大切だと思います。

そういう細かな戦術のノウハウや約束事を積み重ねて共有していくのが、次の世代のベースになっていくんじゃないでしょうか」

ＧＫはベースやドラム。渋くて格好いいポジション

――では最後の質問を。

ずばりお尋ねしますが、ＧＫというポジションの魅力とはなんでしょう？　どこに面白

さや醍醐味を感じますか？

「そもそもサッカーというのは点を決めるシンプルなスポーツだから、点を取る人がフューチャーされるのはわかるんです。

でもGKというのは、実はゴールを決める以上に大きな仕事ができるポジションでもある。チームを根底から支えている、知る人ぞ知る大切な役回りなんです。僕はそこにすごくやりがいを感じますね。

たしかにGKがチームにどれだけ大きな影響を及ぼすかは、傍目にはわかりにくい。だけど実際にGKとしてプレーしてみると、いかに大事で奥の深いポジションかということが、やればやるほどわかってくる。

しかもGKの場合は、当たり前のプレーを当たり前にできているかどうかが、決定的に大切になるんです」

――ファインセーブを連発しないことこそが、最高のファインプレーだと。

「そうです。派手なことをすれば目立てるかもしれないけど、派手なプレーをしなくてもいいようにするのがポイントだという点も、職人的ですごく気に入っているんです。仕事そのものの渋さが好きというか」

――もしかすると、サッカーに限らず、名脇役的な存在がお好きなのではないですか？バンドにたとえるなら、格好いいのは、ボーカルやリードギターだけじゃないぞと。

「ええ、自分の性格的にも、わかる人にはわかるというような、黒子的な仕事をしていくのは好きですね。

バンドで言うなら、ベースやドラムは地味な存在かもしれないけど、ボーカルやギターよりも大事な仕事をしている。しかもそういう役割を黙々と、さりげなくこなしてみせるじゃないですか。これは僕に言わせれば相当、渋くて格好いいんですよ（笑）」

＊注1　栗本直《くりもとなおき》氏。前ツェーゲン金沢強化部長

＊注2　ゴール前で相手がフリーキックを得た際、守備側は壁を作ってシュートに備えていくことが必要になる。
この場合、ＧＫは壁の上を越えてくるシュートに対しては、ある程度、対応できなくてもやむ得ないと割り切って捉え、壁で覆われていないオープンスペースから飛んでくるシュートを、確実に処理することを最優先しなければならない。

しかしＪリーグの試合などでは、ＧＫが壁の後ろに立っていたり、中途半端なポジション取りをしたりするために、本来、処理しなければならないオープンスペースへのシュートを決め

られてしまうケースが今も後を絶たない。

＊

楢﨑は日本人ＧＫの歴史を語る際に、絶対に外せない人物の一人である。

Ｊリーグにおいては、リーグ発足からほどない１９９３年から24年にわたって第一線でプレー。日本代表でも98年のフランス大会以来、４大会連続して経験している。

ポジションの違いを超えて、日本サッカー界が誇る「鉄人」であると同時に、ＧＫというポジションそのものにスポットライトを浴びせた立役者だとも言える。この間、幾多の記録を塗り替えてきたことは改めて指摘するまでもない。

最近のサッカーファンにはご存知のない方も多いだろうが、楢﨑と言えば個人的には横浜フリューゲルス時代の印象も強い。フリューゲルスの消滅が決定したとき、感動的な天皇杯優勝で有終の美を飾ることができたのは、彼の存在抜きには語れない。

それを可能にしたのが、安定したプレーである。ＧＫのプレーはいわゆるシュートストップ、クロスの処理、フィードという３つのエリアから構成されているが、楢﨑はこのいずれにおいても、非常に高いバランスを維持していた。

また190センチにこそ満たないものの、楢﨑はすでに相応の高さとリーチを誇っていた。このような特徴は、ゴールキーピングのスタイルにもつながる。ボックスの中でゆったりと懐深く構えながら、確実にシュートに対応していくスタイルは、同世代に活躍した川口能活と好対照を描きながら、ひとつのモデルを提示している。

楢﨑に関して特徴的なのは、自身のプレースタイルを部活での経験を通して育んでいった点だ。指導や育成のノウハウ、海外サッカーの情報が少なかった時代に、世界クラスの選手が登場したことは、奇跡的ですらあった。

むろんその影には、徹底したプロ意識とたゆまぬ努力が存在している。サッカー選手を褒める言葉として「プレーや姿勢、そして態度でチームメイトに模範を示していく」という言葉がある。楢﨑などはこの典型に当てはまるのではないか。

ファインセーブをした場合でも、派手なガッツポーズなどをせず、何事もなかったようにチームメイトに前線に戻るように促していく。このような姿からは、まさにゴールを守る守護神としての誇りが感じられたし、楢﨑正剛という人間が持つ美学が伝わってきた。

楢﨑は今年1月、惜しまれながら現役を引退している。フリューゲルやグランパス、そして日本代表をかくも長く支え、日本のＧＫモデルを築き上げた人物が去ったことに、寂しさを覚える人は少なくないだろう。

だが楢﨑は次の目標を見据えて歩み始めているはずだ。今後は指導者として、世界と戦える日本人ＧＫを育成することが使命になる。かつての彼自身のように。

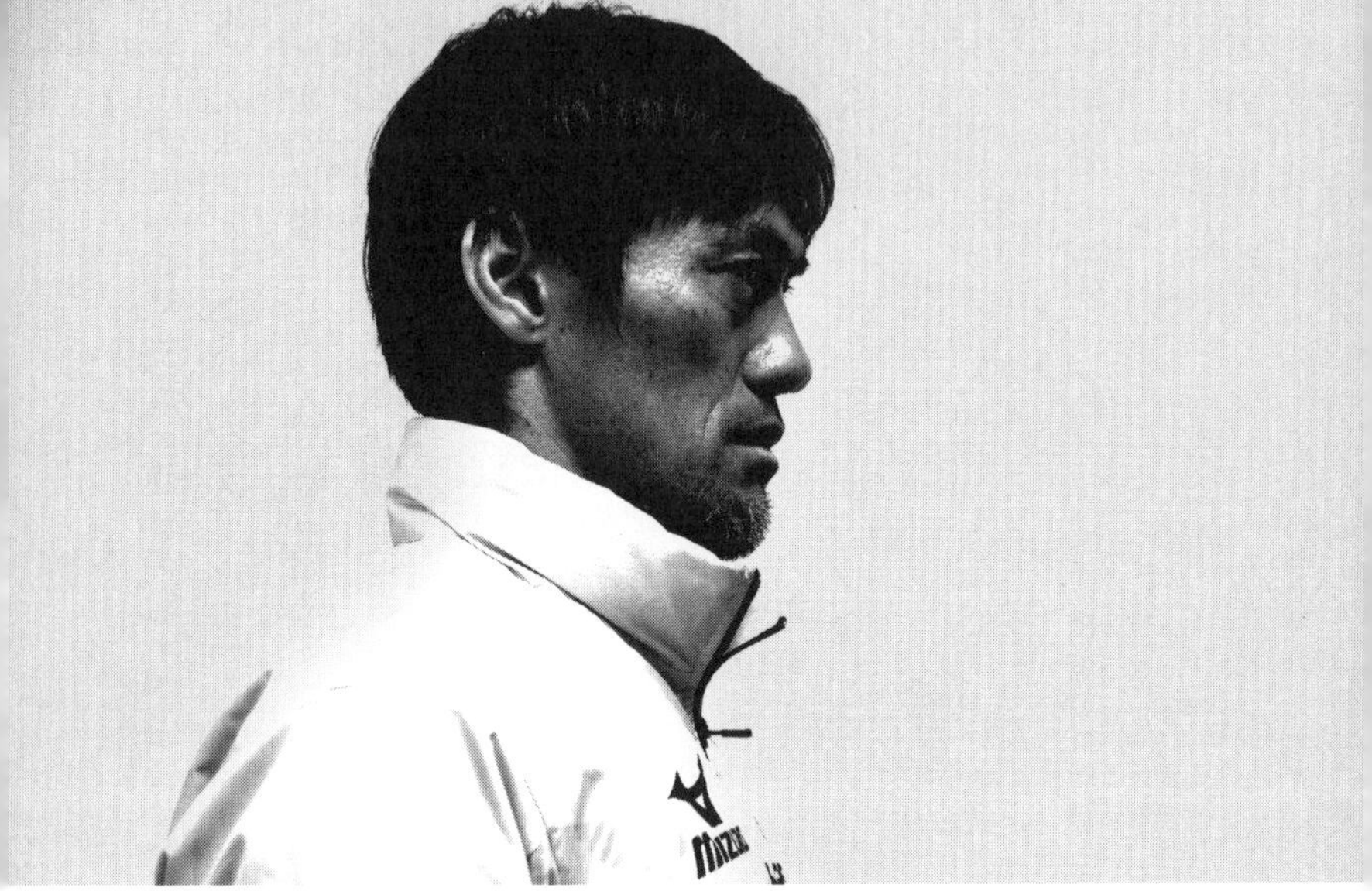

S E I G O　N A R A Z A K I

1976年4月15日、奈良県生まれ。奈良育英高校卒業後、横浜フリューゲルスに加入。1年目からリーグ戦23試合に出場する。1999年、名古屋グランパスエイトに移籍。2010年にはGKとして初となるJリーグMVPに輝いた。日本代表としても国際Aマッチ77試合に出場し、ワールドカップはフランス大会から南アフリカ大会まで4 大会連続で日本代表に選出されている。2018年シーズン限りで現役を引退。名古屋のCSF（クラブ・スペシャル・フェロー）に就任した。

2

MASAAKI HIGASHIGUCHI

「形にとらわれてボールが取れなくなるのは違う」

感覚とロジックの狭間で……

東口順昭

ガンバ大阪の絶対的守護神であり、ロシアW杯の日本代表にも名を連ねた東口順昭のキャリアは、"挫折"の歴史でもある。ガンバ大阪のジュニアユース時代はユースへの昇格が叶わず、プロ入り後は2度の大怪我に見舞われ、選手生命の危機にもさらされた。だが幾多の苦節は、GKとしてさらに成長するための大きな転機ともなっていった。さらに東口は、とある理想も一貫して追求し続けてきたという。ゴール前に君臨し、驚異的なセービングを連発してきたシュートストッパーは、いかにして自らの感覚を理論化し、世界と戦おうとしているのか。　（取材日：2017年10月19日）

ジュニアユース時代に磨かれたGKとしての『感覚』

――東口選手はガンバ大阪のホームタウンである高槻のご出身です。7歳ぐらいからサッカーを始められたとお聞きしていますが、最初はフィールドプレイヤーでした？

「GKをやるつもりはまったくなかったんです。友達がやりだしたので、一緒に近くのクラブチームに入ったんですが、基本、足が速かったので最初はFWをやっていました」

――GKになったのはいつぐらいからですか？

「きっかけは小4のときの練習試合です。たまたま自分がやってみたら『うまいやん』みたいな感じになって、そこからだんだんとGKをするようになりました。本格的にGKをやるようになったのは中学、ガンバ大阪のジュニアユースに加入してからですね」

――GKになること自体に、抵抗は感じませんでした？

「大事な試合を任されて、やりがいをすごく感じてきていましたし、中学に入ると周りのフィールドの選手がとにかくうまくて。これはもうフィールドは無理やなという諦めがついたのが、中学だったと思います」

――やりがいというのは、自分のプレーで勝敗が決まる点でしょうか？

「それもあるし、シュートを止められて、悔しがっている相手の選手を見るのも気持ち良かった（笑）。もちろんセービングした自分も気持ちいいですから、そういう経験が積み重なって、少しずつやりがいを感じてきました」

――当時、憧れたGKはいましたか？

「海外の試合はあまり見れなかったので、やっぱり日本代表の川口（能活）さんや楢﨑（正剛）さんのプレーをよく見ていましたね」

――ガンバに入るまでは自分で考えながら、独学でセービングを研究していたと。

「いや、考えていたというよりも、格好良さに憧れていたというか。横飛びでボールを取るのが格好いいというイメージがあって、それに明け暮れていましたね。土のグラウンドで痛いのに、わざと飛んで取るみたいな（笑）」

――だとすると、ガンバのジュニアユース加入は相当大きな転機ですね。

「まず環境がまったく違ったので。人工芝でクラブハウスがあって、中学でもこんな場所があるんや、すごいなという。あとはGKコーチが毎日、練習を見てくれる有り難さもすごく感じました。

でも中学になるとボールも5号球になるし、シュートも強くなる。とにかく必死で練習をやっていたような記憶がありますね」

――ガンバのジュニアユース時代、特に学んだこととは？

「とにかく脚をきちんと動かして、ボールを正面で取るようにしろということはいつも言われていました。

あとは、クロスボールの練習が非常に多くて。ボールが地面にあるのと空中にあるのとではまったく違うし、その感覚をつかむ練習をすごくやっていた記憶があります。ジュニアユース時代に養われた『感覚』というのは、今でもすごく活きている気がしますね」

――しかし、ジュニアユースからユースに上がることはできなかった。

「身長もそうですけど、技術もメンタルも全然そのレベルにはなかったのかなと思います。

もちろん上がれないことがわかって、すごく落ち込んだんですけど、（他のクラブを探して）どこかでやろうっていう発想もなかったから、とりあえず大阪でサッカーが強いところに行こうと。ただサッカーでは、自分はそんなに上まで行けないんだろうなとも思っていましたね」

――高校時代、GKとして何を学びました？

「メンタルの部分がすごく成長したと思います。中学のときは正直みんなうまかったので、自分が活躍しなくても試合に勝って、全国大会も行けたわけじゃないですか？

でも高校は弱いチームだったんで、ボールはどんどん飛んで来るし。これをどうにか止めないと、選手権も行けない、全国大会にも行けないという状況になっていた。だから、やっぱり自分がしっかりやらないといけないというメンタルが芽生えて。精神的にすごく成長したかなと思います」

――チームの運命を全部背負ってやろうと。

「それぐらいの気持ちがないとGKは務まらないな、と思って。そこは今でもすごく実感しますね。ちょっと弱気になったら、いくらうまい人でも飲み込まれてしまう、そういうポジションだと思いますし」

――どことなく、キャリアに通じるお話ですね。東口選手はガンバのユースに上がれなかっただけでなく、今日に至るまでに大怪我を2回も経験されている。ましてや2年連続で、公式戦ではないファン感謝イベントや練習試合で膝の前十字靭帯を痛めてしまった。精神的に相当強くないと、普通はなかなか乗り切れません。

「正直、2回目の怪我はメンタル的に厳しかったですね。ただ家族もいたし、何より、またサッカーをしたいという気持ちが最後に残ったので、それに支えられたんだと思います」

訪れた転機。築かれたGKとしてのベース

――話を戻します。東口選手は高校卒業後、福井の大学（福井工業大学）に進学してから新潟の大学（新潟経営大学）に転入し、アルビレックス新潟の練習に参加するようになります。キャリア的には、そこが転機になったような印象を受けるのですが。

「はい。プロでやっていくには絶対に欠かせない期間になりました。大学選抜に選ばれて、ユニバーシアードにも行くと、ある程度プロへの道が見えてくるじゃないですか。

でも強化指定でアルビの練習に参加すると、このままプロとしてやっていけないと鼻を折られる。大学時代にプロで練習させてもらったのはすごく大きかったと思います。あれをプロになってからやり始めても遅かったと思いますし」

――アルビレックス時代に指導を受けられたGKコーチは？

「ブラジル人のジェルソン(・シルバ・オルネラス)さんですね。楢﨑さんも一緒にやっているのと思います」

——ジェルソンコーチから学んだことで、一番記憶に残っているのは?

「まずはポジショニングですね。一歩どころか半歩でも違うって言ってくるし。足先の角度や最初に足を置く位置まで、細かく指導してくるコーチでした」

——勘所がわかるまで、半年や1年ぐらいかかりました?

「いや、結局2年ぐらいかかりました。プロの2年目でやっと試合にコンスタントに出始めたときに『ああ、このことを言ってたんや』と。

でも最初はひたすら練習に明け暮れていたし、プロに食らいついていこうという危機感しかなかったんで、じっくり考えている暇もなかったんですよね」

——でもそこが東口順昭という選手にとって、GK哲学のベースになっている。

「ジェルソンは、GKはシュートを止めるのがまず一番の仕事。それ以外はまず考えるなというタイプで。ディフェンスの裏のスペースに飛び出してクリアするなんて、GKの仕事じゃない、とりあえず我慢して反応しろって言いきる人でしたね。

ボールをさばいた後も、ビルドアップでうまいことしようとするな、みたいな考え方が徹底していました」

――そのためにこそ大事なのはポジショニングだと。

「めちゃくちゃ大事ですね。ポジショニングが半歩でもずれたら、弾けるボールが弾けなくなったりしますから。

しかもジェルソンは考え方も独特で。斜め横のほうからFWにパスが渡ったとするじゃないですか。本当なら横に動かないといけないのに、彼は前に動けと。もちろん横には行くんですけど、前を向く感覚で動いたほうが、逆側にもう一度振られても反応できるし、移動も速いみたいな。

あそこまで細かい教え方をされたのは、ジェルソンが初めてですね。彼に教わったことは、今の自分のベースになっています」

――貴重な経験ですよね。実際、日本のサッカー界では、今おっしゃったようなGKのノウハウ自体が共有されていないともよく言われます。そういう認識はありますか？

「わからないですね。たしかにいろんなことが言われますけど、やっぱりGKは、最終的にボールを止められればいいという見方もあるじゃないですか。そう考えれば、正解の動き方というものが、本当にあるのかなと思いますし」

――ノウハウに関連してですが、東口選手のプロフィールには、ジャン・ルイジ・ブッフォンに憧れていると書かれています。その理由は、どんなところにあるのでしょう?

「とにかく無駄な動きがないですよね。ポジショニングも抜群だし、何よりシュートストップが強くて、ほとんどのボールを取ることができる。そこは一番の魅力ですね。

他の選手だとマンUの（ダビド・）デ・ヘアも参考になりますね。彼も僕と同じように身体が細くて手足が長いタイプですけど、きっちりブロックしてチームに貢献できる。だから参考にしたいなと思っているんですけど」

――シュートストップ以外に、ご自身で認識されている強みは?

「クロスボールの対応とか、投げるのもけっこう速いと思いますね。自分ではフィードの部分も他の選手に負けていないと思います」

――他に参考にされているGKはいますか?

「昔、すごいなと思ったのはサウジアラビアのGK、（モハメド・アル・）デアイエとか。代表の試合で、ビヨンビヨン飛んでるイメージがあって。それと（ホセ・ルイス・）チラベルトですかね。フリーキックを蹴って点を入れるGKというのも、いいなあと」

――でもアルビレックスでジェルソンコーチから学んだスタイルとは、正反対です（笑）。

「これはただの憧れですから（笑）」

――元日本代表のGKコーチだったリカルド（・ロペス）さんは、反応の速さや身体能力の高さ、コーディネーションの良さをフルに活かすために、東口さんは前に出るスタイルをマスターすべきだと強調されていました。それさえ身に付ければ、さらに世界レベルのGKになれると。こういう意見については？

「前に行けというのは、かなり言われていて。ただ前に出ると自分本来の感覚ではないところでシュートを打たれるから、しっかりセービングできなくなる部分も出てくる。そこのギャップはすごくありましたね。

もちろん、しっくりこないところを克服して前に行けるようになれば一番いいと思うんです。でも試合でどちらを選択するかといったら、自分の感覚にしっくりくる、気持ち良くプレーできるやり方に従ったほうがいいと思うので」

――好き嫌いというよりも、一人のGKとして自分本来の感覚に従ってプレーしたほうが、ガンバ大阪や日本代表のゴールを守れる確率は高くなっていく。

「はい。ただヨーロッパのGKコーチとブラジルのGKコーチは全然違うし、（川島）永嗣さんの話を聞いたら、ヨーロッパの場合は、下がってボールを待つのでは止めても評価されない。前に出てしっかりコースを消すなり、身体に当てるなりして止めるのが評価されるんだと。だから自分でも少しずつ、新しいスタイルにトライはしているんです」

――実際の試合においてもですか？

「はい。ただ、そのせいでゴールを入れられてしまうこともあって。そういうときは自分がミスしたわけじゃなくとも、今まで通りの距離感を保っていたら取れただろうなって思うし、まだ試合で使えるレベルじゃないなって」

――前に出て失点したケースで、強烈に覚えている試合はありますか？

「この吹田でやった大阪ダービー、セレッソの杉本健勇選手に入れられたパターンなんかは、迷いが出ましたよね。前に行くならもっと行かないといけなかったし、むしろ待っていても良かったなと」

――逆に、手応えがあったセービングは？

「ホームでの新潟戦ですね。

あのときは前に出て１対１の状況を作ったんですけど、ほぼほぼ相手の正面まで距離を詰めていた。最終的には後ろに残しておいた足に当ててセービングしたんですけど、とっさに反応したというよりは、逆にボールが飛んできた場合のコースも塞ぐ感覚でプレーできた。たぶん、相手の選手からしたら、もう打つところがなかったんじゃないかと」

ＧＫに大切な考え方・理論を表現するためのアプローチ

――東口選手は『感覚』という言葉を使われますが、その種のセービングはすごく理詰めですよね。そもそもポジショニングは理詰めだし、コースの切り方にしても、実はものすごく計算している。

「ただ僕自身は、感覚で止めている部分もあると思うし、考えなくても理詰めでプレーできるようになるのが一番いいと思っていて。

たとえば試合が終わってから自分のプレーを分析しようと思ったら、絶対、理論的な話になるじゃないですか。それもかなり細かくて難しい話をしないといけなくなる。

でも別の試合で同じシチュエーションがやってきて、自分が理論通りの動きをしたからと言って、必ずセービングできるとは限らない。僕はむしろ、たぶんボールを取れないようになると思っているんです。

もちろん、うまくなるには考えないといけないけど、まずは点を取られないようにするのがGKの仕事なわけじゃないですか。形にとらわれた結果、逆に取れるボールも取れないようになったとしたら、ちょっと違うなと思うし」

——では理詰めでいくよりは、やはりジュニアユース時代のお話で出たような、本質的な感覚のようなものが指針になってきたと。

「そうだと思います。もともと自分は性格的にもそんなタイプで。考え過ぎたら動けないようになるし、できるはずのセービングを逆に自分で難しくしてしまうんです。だから基本的な部分まで含めて、GKというのは本当に考え方——メンタルが大切なスポーツやなと、つくづく思いますね」

——でもプロのGKとして第一線で活躍していくためには、ゴールセービングを理論化していく作業も必要になります。感覚を大事にしつつ、ロジックも構築していかなければならない。このジレンマは、どうやって解決すれば良いのでしょうか？

「やっぱり大事なのは、練習の量と質やと思いますね。

今、ガンバでは日本人のコーチの方に練習を見ていただいていますけど、練習ではすごく理詰めというか、常に課題を見つけてクリアしていくやり方をしているんです。だから練習ではコーチと一緒に考え抜いて、とにかくたくさんボールを受けていく。そこで身に付けたものが、実際の試合では自然な感覚として出てくるっていうのが、理想的なんだろうと思っています」

――そういうアプローチが、自分に合っている。

「そうですね。僕の場合、試合では本能で動いたほうがいいプレーができる。だからといって練習から本能のままにやっていたら、たぶんだめになると思うので、そこは割り切っていますね。膝の靭帯をやったときも、イケイケでプレーせずに一歩引いて冷静になっていたら、怪我もしなかったと思いますし」

――改めてお尋ねしますが、GKになって良かったと思いますか？

「思います。やっぱりFWをやっていたら今のキャリアはなかっただろうし、日本代表まで上り詰めることもなかったと思うので」

――ガンバの試合はもちろん、ファンはW杯ロシア大会でも活躍を期待しているわけですが、ご自身にとってGKの一番の面白さとは？

「相手FWのいいシュートを取ったときの気持ち良さですよね（笑）。そこは昔から変わっていないと思います」

――じゃあキャリアメイクに関係なく、今、ＦＷかＧＫどちらかを選べるとしたら？

「ＦＷですね（笑）」

――その理由は？（笑）

「言ってもＧＫというのは、相手のプレーにリアクションする立場じゃないですか？でもＦＷは自分のタイミングで、アクションを仕掛けられますから。そこはうらやましいですよね」

――試合中にゴールマウスに立っていると、もどかしさのようなものは感じますか？

「もっとこうやったら点を取れるのにな、というのはすごく考えますね。ただ、仮に自分がＦＷで、自分のタイミングや感覚だけで気持ち良くプレーしたとしても、絶対にうまくいかないのもわかっていて。

僕は調子に乗って突っ走るとだめになるし、むしろ少し引いた感じで抑えたほうがいい。だからＧＫのように、もどかしさを感じながらも、少し引いた立場でチームに貢献していくのがいいのかなと」

――調子に乗るようなタイプには見えませんが、ご自身のことをずいぶん冷静に分析されているんですね。

「いやいや、僕は調子に乗るタイプなんですよ。だからこそ調子に乗れない環境をあえて作るのが、一番自分にはいいかなと（笑）。

それは毎日の練習も同じで。僕の場合は、相当怒ってくれるコーチに見てもらったほうが絶対いいんです。もちろんストレスは溜まりますけど、そういうほうが自分は伸びるし、サッカー界で生きていく道なのかなと思いますね」

＊

研ぎ澄まされた感覚と、驚くべき反応の速さ、そして長い手足を武器にしながら、ボックスの中で勝負するシュートストッパー。東口にはそんな印象を抱いていた。

事実、彼は天与の才能を思わせるプレーで、所属チームの危機を幾度となく救ってきた。

かつてガンバ大阪が歴史的な三冠を達成した際、長谷川健太監督がＭＶＰに東口の名を挙げたことはよく知られる。華麗な攻撃サッカーの屋台骨を支えたのは、実は痩身のＧＫが連発する驚異的なセービングだった。そもそも豊かな資質に恵まれなければ、コーナーギリギリに飛んできたボールを片手で防いだり、目と鼻の先から放たれた強烈なシュートを、枠外に弾き出したりするような芸当をこなせるはずがない。

だが瀟洒《しょうしゃ》な吹田スタジアムでじっくり話を聞いているうちに、東口＝感覚派のＧＫというステレオタイプが、表層的なものに過ぎないことに気付かされた。

インタビューを読んでいただければわかるように、彼はタイプ的には楢﨑正剛の系譜に連なるＧＫである。また長年のキャリアで培ってきた感覚を活かすためにこそ、論理的なアプローチを内面化しようと試みている。より正確に述べるなら感覚にだけ頼ることとロジックで考え過ぎることの危険性を共に踏まえた上で、「理詰めのセービングを、直感的にこなす」ための術を身に付けようとしていた。

このような複眼的な視点は、ときに自己詳察にも及ぶ。

「自分はむしろ少し引いた立場でチームに貢献したほうがいい。調子に乗るタイプなんです」などという発言は、誰からも愛される気さくな人柄の持ち主であると同時に、実に冷静に自身を分析し続けていることを物語る。

一方で東口は、火の出るように激しいプロ意識も当然のように宿していた。プレースタイルを巡る試行錯誤——積極的に前に出ていくことは必要でも、それで失点が増えてしまったのでは元も子もないはずだと、必死に正解を探し続ける姿からは、ゴールを預かる者としての強烈な責任感がひしひしと伝わってくる。

だが、それが故にこそ、東口は怪我も人一倍多かった。端正な顔立ちや柔和な表情からは想像もできないが、彼は今回取材した様々な日本人ＧＫの中で、選手生命に直結するようなアクシデントに最も見舞われてきた苦労人でもある。

だが彼は不運を乗り越え、ワールドカップ出場という大きな目標に向かって一歩ずつ近付いている。自身の夢を叶えるため、そして日本代表の守備陣に貴重な選択肢を与えていくためにも、東口順昭は檜舞台に立ち、世界と戦わなければならない。

M A S A A K I　H I G A S H I G U C H I

1986年5月12日生まれ、大阪府出身。洛南高校卒業後、福井工業大学に進学。新潟経営大学に転入し、卒業後、特別指定選手に登録されていたアルビレックス新潟に加入。2014 年シーズンから、ジュニアユース時代を過ごした古巣・ガンバ大阪へ移籍し、初年度に国内三冠達成に貢献。2018年のロシアW杯メンバーに選出され、日本代表では通算7試合に出場（2019年2月末現在）。

3 AKIHIRO HAYASHI

「ゴールセービングの極意はマインドゲームにこそあり」

細かな駆け引きと計算

林 彰 洋

身長195cmと日本人離れした恵まれた体格を持つ林彰洋は、そのスケール感あふれるプレーを通して、熱い注目を集め続けるGKだ。大学在学中からオシムに才能を見込まれ、ベルギーやイングランドでのプレーも経験。日本に戻ってからは清水エスパルスやサガン鳥栖、そしてFC東京などでもいかんなく存在感を発揮し、日本代表にも当然のごとく名を連ねてきた。世界の強豪と伍していくために真に必要なものは何か。世界基準の逸材が、さらなるスケールアップを図るための意外な秘策と、知られざる素顔を明かす。

（取材日：2017年4月8日）

自分ではシュートを止められるGKだとは思っていない

――林選手は現在、FC東京で正GKを務めているだけでなく、日本代表に選出された経験をお持ちです。GKを目指されたのは、いつ頃からですか？

「もともと僕はフィールドプレイヤーでした。GKは小学校の中学年くらいからやるようになったのですが、最初はあまりGKが好きではなく、シュート練習でも、『自分はどうしてシュートを打つ側じゃなくて、痛い思いをしながらゴールを守っているんだろう』と。そんなふうに感じる場合が多かったですね（笑）」

――なんだか因果な役割を引き受けてしまったと？

「でもGKとして東京都の選抜になったりしていたので、自分はGKとして評価されるんだなという意識もあって。最初はフィールドをやりたいという気持ちと、折り合いをつけるのが難しかったですね」

――当時、憧れていた選手はいました？

「ＧＫに関してはいなかったです。当時は（アレッサンドロ・）デル・ピエロが大好きで、『彰洋ゾーン』でも作ってもらおうかぐらいの勢いだった。今となってみれば、サッカーの奥深さが、わかっていなかったんですが（笑）」

――だとするなら、ＧＫ一本でいこうと腹を括ったのは？

「本当の意味で決断したのは、高校に入学するときだったと思います。

今では大学卒業の選手も増えましたけど、高校進学はプロを目指す上で、大きな分かれ目になるじゃないですか。本当にプロになりたいのなら、やはり評価されているところでプレーするのが一番の近道だろうと。自分が選んだ道で、しっかりサッカーに打ち込みたいと思っていましたし」

――流通経済大学付属柏高校への進学が、大きな分かれ目になったと。高校に進学してから、ゴールキーピングの考え方は変わりました？

「指導そのものに関しては中学時代と同じクラブチームのコーチから受けていたのですが、高校になると立ち位置が違うというか。ゴロのシュートひとつにしても、とにかく低いところからカバーするというような基礎を改めて叩き込まれました。

高校に入ってからは、『アタックしろ』とすごく言われるようにもなりましたね。相手のＦＷがトラップをする瞬間に潰しにいくとか、そういうプレーの楽しさを覚えた部分もあったと思います」

――林選手は、ドイツ代表のマヌエル・ノイアーが「スウィーパー・キーパー」として脚光を浴びた際に、ノイアーよりも守備範囲が広いと注目されたこともあります。そういうスタイルが形作られたのも、高校時代でしょうか？

「いや、基本的なプレースタイルが作られたのは、やはり小学校時代かなという気がします。僕は声を出すというのも自分の強みだと思っているのですが、その部分に関しては、小学校のときから意識し始めましたから。

当時、僕が所属していたチームでは、ＧＫとして選抜チームに選ばれるためには、とにかく声を出してアピールすることが大事だと言われていたんです。

たしかに振り返ってみると、そのときは大したことを言っていない（笑）。

でもレベルが高くなっていけばいくほど、どう判断すればいいのかを細かく考えるようになるし、的確な指示も出していけるようになる。コミュニケーションの部分は、一番大事にしています。意思の疎通を図っていかなければ、ディフェンスの摺り合わせなんて、できるわけがないと思っていますから」

――林選手は正確なフィードも大きな武器だと言われているわけですが、そもそもご自身は、GKとしての特徴がどこにあると考えていますか？

「僕は自分が『シュートを止められるGK』だとは思っていないんです。

もちろん、この部分はもっと向上させていかなければならないし、決定的な場面がやってきたときに、確実に結果を残せるようになりたい。だからFC東京のジョアンコーチと毎日、練習を重ねているわけですが、自分を冷静に評価した場合には、シュートを止めるのがそれほど得意なGKだとは思っていないんです。

だからこそ僕の場合には、まずはシュートを打たせないようにする――危ない場面を作られるのを、どれだけ事前に止めるかがポイントになる。DFと連携しながらクロスやハイボールに的確に対処したり、相手の先の先を読んでスルーパスをカットしたりする。そういうプレーを一番意識しています」

――それは意外ですね。私の目から見れば決して反応は遅くないし、それだけのサイズやリーチもある。むしろ「シュートを止められるGK」だと思っていました。

「たとえば試合中に相手がゴール前に迫ってきて、どのコースにでもシュートを打てる状況を作ったとしますね。

反応が速い人なら3回中3回、至近距離からのボールを止められるかもしれない。でも僕はむしろ、3回中3回シュートを入れられてしまう危険性のほうが大きいタイプじゃないかと。であれば、その状況を作らせないのが理想になるはずだという考え方をしているんです」

シュートを止めることより未然に防ぐほうが重要

——とはいえ至近距離からのシュートを完全にブロックしきれるGKなど、どこにもいないのではないでしょうか？

「そうですね。至近距離から10本シュートを打たれて、10本すべてを止める人はいないでしょうね。そもそも反応の速さだけで守れる距離感でもないし、見方を変えれば、基本的にはみんな対処できないことになる。

だからこそ、至近距離からシュートを打てるような状況自体を作らせないのが、最初の目標になるはずなんです。仮にそういうシチュエーションに持ち込まれたときにも、先の先を読めば、相手のオプションを限定できますし」

――具体的な方法論としては？

「『このコースには打てない。狙うならあそこしかない』と、相手に思わせるような状況を作りだすんです。この駆け引きができていれば、単純にどこにでもシュートを打てる状況にはならない。

さらに僕のほうでは、このコースに7割の確率でシュートが飛んで来るだろうと予測しているし、ぎりぎりでも自分の足が届くはずだという計算も、あらかじめ成り立っている形になる。

シュートを打たれる場面から逆算して、何段階も前から細かな駆け引きを重ねていけば、最後の最後はこっちが相手の選択肢を絞りきった上で、勝負すれば良くなるんです」

――先ほど話題に出たブレイクダウン、スウィーパー・キーパー的なプレーも、緻密な計算がもたらす結果のひとつだと。

「ブレイクダウンもそうですし、ハイボールの処理も同じですね。

ゴールマウスにへばりつくタイプのGKは、あえてゴールエリアに留まることによって、とっさに反応できると考えているのかもしれません。

でも相手側は、どんどんクロスを上げていけるというメンタリティになる。それはシュートを打たれる場面が増えるということだし、確率論から言えば、当然、失点率が上がることにもなってしまう。

シュートを止めるプレーの重要性と、危ない状況を未然に防ぐプレーの重要性を比べた場合には、未然に防ぐプレーのほうが重要性は高いと思っています」

――そこまで分析的に考えている。

「さらに言えば、この種の駆け引きは、意図していない距離感まで詰められてしまった場面でも活きてくるんです。

たとえば相手のＦＷが、左側のゴールライン際をドリブルで攻めてきたとしますね。こっちは左のゴールポスト付近に立っているので、相手は右のファー側に蹴っておけば、ゴールが決まる可能性が高くなるだろうと考える」

――味方が触って、得点が決まる可能性もありますからね。

「じゃあ、この場合にどう対応するか。ＧＫの中には、ニアサイドに蹴られてもファーサイドに蹴られても対応できるように、先に動き出そうとする選手もいます。

でも僕は、あえて違うアプローチをする。動き出すタイミングを遅くずらして、相手が

3

林彰洋

シュートを打てる状況になったときには、わざとファー側が空いている状況を作る。極端な話、ファーサイドに蹴っておけば10回中10回入るようなシチュエーションを意図的に作っておくんです。心理学的に言えば、相手の選手は油断してきますから」

――マインドゲームで、相手を嵌める発想ですね。

「これは逆のケースを考えてみるとわかりやすいんです。

僕が早く動き出して、ニア側にもファー側にも対応できるポジションを取ったとします。こうしておけばGKは万全の体勢を取ったように見えるし、相手の選手にも迷いが生じるから、シュートを止められる可能性が高まるように思える。

だけど実際には、そうならない。相手が右に打つか左に打つか迷う状況を作り出したということは、GK自身も狙いが絞りきれなくなるんです。

こういう状況になると、GKの駆け引きというものは成立しない。計算尽くでコースを限定するのではなく、相手がたまたまシュートを外してくれたらラッキーという『運』――確率論の問題になってしまう。

もちろんチーム全体としてのディフェンスを考えれば、そもそもゴールライン沿いを攻め上がらせてはいけないんです。でも、仮にそんな場面になったとしても、GKは駆け引きの仕方ひとつでチームの勝利に貢献できる。今シーズンは、そういう駆け引きをすごく楽しんでいますね」

日本人GKが世界との戦いでより大事にすべきこととは?

――様々な駆け引きのノウハウを蓄積していくことは、ひいては日本サッカー界全体にとっても、大きな資産になるのではないでしょうか?

「そう思います。ただし世界との戦いに関して言えば、プレッシャーの掛け方や駆け引きの仕方が変わってくるケースもあるだろうと思っていて。海外のサッカーを見ていると、シュートレンジやアングル、シュートを打ってくるタイミングが、日本と違ってくる場面もありますから」

――実際、林選手は海外でプレーした経験もある。イングランドのプリマス・アーガイル時代、GK像の違いは実感しましたか?

「イングランドの場合は、単純にシュートのパワーや強さが違いましたね。足をボールにミートさせたり、インパクトのあるシュートを打つのもうまかった。

たとえばペナルティエリアよりも少し下がったぐらいのゾーンは、イングランドの選手にとっては、絶好のシュートレンジ以外のなにものでもない。これは日本サッカーとの大きな違いかもしれませんね。だからGKにも、強くて速い、そして正確なシュートを遠い距離からでも止める技術が求められてくる。

でも、これも突き詰めて考えていくと、いい状況でシュートを打たせないようにする発想にたどり着くんです。具体的に言えば、シュートコースを限定しきった上で間合いを完全に詰めておくか、逆にすごく遠いところからしかシュートを打てない状況にしておく。判断のスピードやポジション取り、駆け引きの仕方は変わってきますが、相手に有利な状況を作らせない発想は同じなんです」

——シュートの強さは驚きだったとしても、林選手自身が培ってきたゴールキーピングの基本的な発想自体は、イングランドでも変わらなかったと。

「そうですね。自分がやってきたことは間違っていなかったと改めて感じました。

でも、だからこそ未然に防ぐための判断材料を増やした上で、判断の処理速度自体を上げていかなければならない。

海外の選手は、日本ならこれくらいの距離を保っておけば大丈夫なはずだというレベルを平気で超えてくるので、味方に対する指示の伝え方も当然、変わってきます。こちらのポジション取りや駆け引きの仕方も変わってきますしね」

――当時、プレーを参考にしたＧＫはいましたか？

「ビクトール・バルデス選手でした。彼もまた勝負どころをいつも狙っているというか。ミスをすることもありましたけど、自分の間合いで勝負しているときには、失点するケースは少なかった。難しいバウンドにも合わせていましたし」

――イングランドの選手絡みで言うと、私が林選手を最初に見たときに連想したのはピーター・シュマイケルでした。彼もかなり大柄なＧＫでしたが、ハンドボールの経験を持っているだけあって、未然に飛び出してプレッシャーをかけるのがうまかった。

「シュマイケルも反応の速さで勝負するというよりは、身体全体を使って、相手にシュートコースを見せないようにするタイプでしたね。

もちろんキャッチできたり、パンチングで弾き出せればベストですけど、ＧＫにとっては、最終的にゴールを決めさせなければすべて正解なんです。だったらクロスの処理にしても、まずは絶対にヘディングさせないようにする。シュマイケルも、そういうことを考えていたんだと思います。

いくら反応が速いからと言って、10本中10本、すべてのシュートを止められるようなGKはいません。だからこそ危険な状況を未然に防ぐのが、何よりも失点を回避する手段になるんです」

——ベルギー時代は、何を学びましたか？

「正直、ゲームのレベル自体はイングランドほど高くなかったし、そういう部分でストレスを感じることもありました。

でもダイビングするときに身体の反動をうまく使ったり、身のこなしを工夫して起き上がるスピードを上げたりする。そういうアクションやボディーワークに関しては、かなり理に適った動き方をしているなと感じましたね。

当時のベルギーリーグには、ティボ・クルトワを始めとして有名なGKもたくさんいたし、僕が所属していた3部リーグでも、1部のクラブでサブを務めているようなレベルの選手が多かった。そういう選手たちは、とにかく無駄な動きを省いて、合理的な身体の使い方をしている選手が本当に多かったですね」

——身体の使い方や足の運び方に関しては、イングランドよりも合理的なアプローチをしていたのかもしれませんね。

「そうですね。イングランドは片手でパンチングするときのパワーや、単純に強いシュートを止める作業が重視されているような印象が強かった。でもベルギーでは、パワーに加えてテクニックが重視されている印象がありました」

――その後、ベルギーから日本に戻ってくるわけですが、日本のサッカー界を客観的に見たときに、改めて感じたことや気付いたことはありました？

「やっぱり、日本サッカーの緻密さだと思います。

海外の場合、仮に味方の選手としっかりとコミュニケーションが取れるようになっても、『この場面で、相手がこういうふうにボールを運んできたら、こういうふうに対応していこう』とディテールまで摺り合わせをしていくのは難しい。そもそも、そんな細かい対応ができるセンターバックが少ないからです。

もちろん海外の選手は身体能力が高いからこそ、足が届いてカバーできてしまうケースもあるし、プレミアのトップレベルのチームになれば、また話は違ってくるのかもしれない。でも基本的に海外のチームの場合には、ディフェンスをとことん緻密に摺り合わせていく作業自体が難しいのかなと。

だから僕たちのようなＧＫにとっても、ある意味で個の対応が重要になってくる。チーム全体を冷静に見回した上で、『この展開になったら、自分で対応していかなければならない』と準備していく必要があるんです」

――いい意味で味方に頼りすぎず、割り切った考え方をしていく。

「そうです。でも日本のセンターバックは、誰もが皆、すごく緻密な守り方をしてくれる。この器用さや細かさは海外にはないし、絶対に日本サッカーの大きな強みのひとつだと思いますね」

失点時の評価や解釈でＧＫとチームの成長が決まる

――個のレベルでの緻密な駆け引きや、守備陣全体での摺り合わせの仕方まで含めた上で、組織性の高さで勝負していく。この方法こそが、日本サッカーの武器になると？

「そうですね。日本サッカーを向上させるためには、緻密なサッカーをもっと突き詰めていくことが必要だと思います。

その点、サガン鳥栖時代にマッシモ（・フィッカデンティ）監督の下でプレーできたことは、貴重な経験になりました。イタリアのサッカーは緻密だし、守備に関しては日本人のような細かな発想をする。特に守備の部分では、こういう緻密さが、かなり大事なポイントになってくると思うんです」

――鳥栖時代にマッシモさんの薫陶を受け、2018シーズン、FC東京でジョアンさんから駆け引きを学んだというのは、林選手が目指しているGK像、ゴールキーピングの哲学を追求していく上で理想的な流れですね。

「そう思います。ジョアンGKコーチが教えてくれた駆け引きのスキルは、個人で編み出したものですが、やはり非常に緻密だし、相手の心理を裏の裏まで読もうとする。

マッシモ監督から学んだ方法、DF陣全体としてディテールを詰めていく発想と、ジョアンコーチから学んだ駆け引きを組み合わせていけば、FC東京の守備はさらに充実したものになるはずなんです」

――関連してお尋ねしますが、林選手のキャリアを語る上では、ディド・ハーフナーコーチの存在も大きいように思います。ディドさんからは、どんな影響を受けましたか？

「ディドさんの場合は、駆け引きを重視するタイプではなかったですね。ある意味、もっとオーソドックスでしたし」

――リアクション（反応）型だったと？

「ええ。本人も現役時代は、反応の速さで勝負する選手だったので、自分からアクションを起こして、危険な状況を未然に防いでいく発想とは微妙に違っていました。

でも最後の最後、受け身になった状況での対処の仕方を学べたという点では、ディドさんとの練習も自分の中にしっかり活きています。

それにディドさんは、チームの中におけるGKの立ち位置を深く理解してくれていた。僕はその点もすごく感謝していますね」

――具体的には？

「サッカーの指導者の中には、フィールドの選手とGKは別もので、『なんで、あんなシュートも取れないんだ』と感じる人もいる。でもディドさんは、後ろ盾としてしっかりサポートしてくれた。これはすごく有り難いんです。

結局、守備というのはチーム全体で構築していくものじゃないですか？　だから失点してしまったときにも、GKがミスをしたのか、あるいは守備陣全体での約束事を守った上で、たまたま不運な形でゴールが決まっただけなのかを、冷静に見きわめられる人がいるかどうかが重要になる。失点したときにこそ、どういうふうな評価や解釈ができるかで、GK自身もチーム全体もレベルアップしていけるかどうかが決まってくるんです」

――林選手に関しては、オシムさんに才能を認められたGKだという印象もあります。オシムさんから受けた指導に関して、特に印象深かったものは？

「常に考え続けなければいけない、頭を使わなければサッカーはできないんだなと、改めて思わされましたね。

目指すべきサッカー、基本となる哲学の部分はオシムさんが作るにせよ、そこに色付けしていくのは僕たち選手になる。中村俊輔選手が入れば、緩急をつけたパスワークを活かさなければならないし、個でボールを運んでいけるような選手が入った場合には、違ったスタイルが求められる。そして対戦相手にとっては、どんなプレーをされたら嫌なのかを、瞬時に見きわめられるようにしていく。

とにかくオシムさんの場合は、いつも頭を動かして考えていないと、こなしていけないような練習の連続でした。僕自身、一歩先を考えて事前に準備していくのが大切だとずっと思っていましたので、背中を押してもらった印象が強いです」

――オシムさんにかけられた言葉で、覚えているものなどはありますか？

「GKコーチと話すことが特に多かったんですけど、後ろの選手が自信を持ってつないでいけば、前の選手がどれだけ助かるか、攻撃がいかに円滑になるかというのを何度も話し合ったのを覚えています」

――相手を食いつかせてフィードすると。

「そうですね。オシムさんからも、そういうプレーをして欲しいと言われて。僕は2回代表に選ばれたんですが、1回目の合宿では、フィールドの選手と連動しながらボールを回していくプレーに参加できた。そこが評価されたということは、後から教えてもらいました」

GKの醍醐味や魅力とは?

――私は様々なGKの方にお話をうかがってきましたが、皆さんが一様に指摘されるのは、日本のサッカー界では体系的な指導のメソッドがない、GKの戦術に関しても、根本的な理解があまり共有されていないという点です。

実際、Jリーグの試合などを見ても、GKが槍玉に挙げられるようなケースが多いような印象を受けますが、この点については？

「逆にＧＫに対して、過保護になっている部分もあると思います。ＧＫが前に出なければならなかったのに、フィールドの選手がマークを外したから入れられたと言われるケースもありますから。そういう場面では、ＧＫの責任が問われなければならない。

ただし全体的に見るなら、やはりＧＫの戦術が共有されていない部分はあるような気がしますね。戦術の摺り合わせを試合の中だけでやっていくのは難しいし、ＤＦとＧＫの意思疎通ができていないと、収拾がつかなくなってしまう。だからディフェンスの基礎がないチーム、ＧＫが守れる範囲とフィールドプレイヤーが守れる範囲をどこでどう重ねるのかという話し合いができていないチームは、絶対に強くならない。

ゴールキーピングに関しても、そういう発想の中で捉えていかないと、日本サッカー界全体として、次世代のＧＫが育っていかないと思います」

――今振り返ってみて、ＧＫになって良かったと思われますか？

「ええ。思います。そこは断言できます」

――林選手が考えるＧＫの魅力とは？

「ゲームにおける存在感の大きさですね。サッカーの場合、主役はゴールを決めるＦＷだと言われているんですけど、主役はむしろGKじゃないかと。

たしかにサッカーの試合では、誰かが必ずミスをする。逆に誰もミスをしないで得点が決まらない状況が続いたら、試合は動かないし面白くなくなってしまう。そこで最後の最後に鍵を握るのがGKになる。これはストライカーではなくて、GKが試合を決めるということに他ならないんです」

――サッカーは点を取る競技ではなく、点を入れさせない競技だと？

「僕らの側からすれば、そうですね」

――では林選手が考える、サッカーの魅力とは？

「パーフェクトが絶対にない、という点です。仮にパーフェクトなプレーができたと思っても、何日か経つと『いや待てよ、こんなこともできるはずだ』と考え始めて、さらに進化するための道筋が拓けてくる。

ひとつの完成形があったとしても、それを超える完成形や、目指すべき理想形が次々に出てくるのは、サッカーの醍醐味のひとつだと思います」

――ワクワクしますね。

「今シーズンはまさにそうで。相手との駆け引きもそうですし、ダイビングや立ち上がり方、足の出し方、ステップの踏み方、ありとあらゆる面で毎日が発見の連続ですね。

たとえばポジショニングひとつとっても、ゴールキーピングの正解というものは存在しない。究極の話をすると、シュートを止められれば、それがすべて正解だということになりますから。

けれどもジョアンGKコーチは、『いや、正解はこれだよ』と示してくれる。だから迷いがなくなるし、自分が仕掛けた駆け引きがきっちりはまるような、『してやったり』の状況が増えてくる。サッカーとはこれほど奥深くて、面白いものなのかとつくづく思いますね。しかもそういう手応えを、試合をするたびに感じられるんです」

——駆け引きをするのは、自分のところにボールがない状況においても？

「もちろん。僕は90分間の試合で、ボールが自分のところにない88分間も、普通の人にはわからないような駆け引きをずっと繰り返しているんですよ。

僕が前に詰めてプレッシャーをかけているからこそ、相手のMFは、あの場面でパスを出せなかった。自分がここでコースを限定したからこそ、FWがシュートを外した。そういう勝負を何十回となく繰り返しながらゲームを楽しんでいる。

だから今後は、レベルの高い駆け引きをいかに継続するか、どこまで高いレベルにまで持っていくかが課題だと思っています」

――お話をうかがっていると、棋譜をずっと考えている将棋の名人、あるいはチェスの達人を相手にしているような錯覚さえ覚えます。本当に物事を突き詰めて考えるのが、お好きなんですね。

「ええ。もともと自分は、いろんな話を掘り下げていくのが好きなのですが、サッカーに関しては特に考えますね。突き詰めて考えいくのは、自分の強みだとも思っているので。ゴールを任された以上、絶対に裏を取られたりしない方法を常に考えています」

――サッカーの駆け引きほど面白いものはないと？

「ないですね。しかもサッカーの場合は、いろんな駆け引きを一瞬の判断でしていくじゃないですか。

僕は危ない場面を未然に防ぐことをいつも考えていますけど、最後の最後、ＦＷにパスが渡ってシュートを打ってくるまでのコンマ数秒の間にも、実はＧＫにはいろんなことができる。これからのコンマ数秒の間に、自分がポジションをずらしていけば、相手の選手にはニアが見えるのか、ファーが見えるのか。逆に動かなければ、相手の心理をどう誘導できるのか……」

——オフのときに、そのコンマ数秒の使い方を考えるのも、お好きなんじゃないですか？

「実はそうなんです（笑）。90分間の試合がある中で、ゴール前でせめぎあいをする瞬間なんて、せいぜい1秒とか2秒じゃないですか。

でも、その1秒や2秒が試合を決定づけるし、さらにディテールを突き詰めていけば、凝縮された1秒、2秒をさらに細かく切って相手と駆け引きをしながら、ゲーム全体を操っていくことができる。このゾクゾクするような楽しさは、一度覚えたら絶対に忘れられない。何物にも代えられないですよ」

＊

「日本人離れしたＧＫ」

林彰洋はこう評されることが多い。それは個人的な取材経験からもよく理解できる。

彼が注目を浴びたのは、流通経済大学の学生時代、日本代表への強化合宿に参加した際だった。当時、私はイビチャ・オシムの取材を行っていたが、練習試合で披露したプレーは、さすがオシムが目をつけた逸材だと実感させるものだった。

3
林彰洋

清水エスパルス時代、天皇杯の決勝に進出した際の会話も強烈に印象に残っている。エスパルスは鹿島アントラーズ相手に善戦するも、選手の負傷のためにゲームプランが狂い延長戦で涙をのんだ。試合終了後、その事実について水を向けると、林は待っていましたとばかりに詳細に解説をしてくれた。私は分析能力の的確さにも舌を巻いた覚えがある。

プレーのスケール感や迫力については、説明するまでもないだろう。

シュートストップ、ハイボールやクロスへの対応、そしてフィード。林はいずれをとっても恵まれた身体を存分に活かして存在感を発揮する。この取材でも両腕を伸ばしたイメージカットの撮影を試みたが、あまりにリーチが長過ぎるために、部屋の一番後ろにまで下がってもフレームに収まりきらず、場所を変えざるを得なかったほどだ。

また林は味方がゴールを決めた際には、ボックスの外に出てピッチ上に跪き、全身で喜びを表現することもある。身体のサイズも含めて、日本人GKの中では最もヨーロッパの匂いを感じさせる選手となっている。

ところがインタビューでは、意外な答えが返ってきた。本人はサイズが武器ではないと指摘。むしろ持ち味は、相手DFとの駆け引きだと断言したのである。日本サッカー界屈指の偉丈夫は、時計職人のように緻密な理論を構築しながら、チェスの達人の如き駆け引きを楽しんでいる。この意外な組み合わせに驚かれた方も多いのではないか。

それはゴールキーピングやサッカーという競技の奥深さと共に、林彰洋というサッカー人が秘めた、途方もないポテンシャルを我々に教えてくれる。

豪胆にして細心、ダイナミックにして緻密。

林が知的探求を終え、マインドゲームの術をすべて身に付けたとき、視界の先には日本人GKが目撃したことのない光景が広がっているはずだ。それは取りも直さず、日本サッカー界や日本代表に新たな地平が拓けることを意味する。

A K I H I R O　H A Y A S H I

1987年5月7日、東京都生まれ。流通経済大学在籍中の2007年、U-20 W杯日本代表の正GKとして活躍。大学卒業後、イングランドへ渡りプリマス・アーガイルFC に加入。ROC シャルルロワ（ベルギー）を経て、2012年に清水エスパルスに移籍。2013年シーズン途中にサガン鳥栖へと移り、レギュラーに定着。2017年シーズンよりFC 東京に加入し、不動の守護神として活躍している。

4 SHUICHI GONDA 1

「勝つチームのGKこそ評価されるべき」

世界を俯瞰しての視点

権田修一

日本代表が2大会ぶりに決勝へ駒を進めた、AFCアジアカップ2019。その過程においてゴールマウスを守ったのが権田修一だった。FC東京やサガン鳥栖などで活躍した守護神は、ベテランならではの存在感を存分に発揮してチームに貢献している。それを支えるのが、研究と研鑽を怠らない真摯な姿勢である。本稿は2014年、「海外の注目選手についてJリーガーが語る」というテーマで行われた。権田は海外サッカーのチーム戦術やGKのプレースタイルを詳察。さらには日本人GKの成長と飛躍に必要な要素についても語り尽くしている。

（取材日：2014年3月）

GKにビルドアップ能力が求められる時代

――今回は、好きなGKを選んでいただいたわけですが、権田選手はマヌエル・ノイアーを1位に挙げられました。まずはその理由から教えてください。

「Jリーグのベスト11でもそうですが、僕は上位にいるチーム、勝っているチームのGKこそ、評価されるべきだろうという考え方を昔からしているんです。

そもそも今のヨーロッパサッカーではノイアー選手、つまりバイエルン・ミュンヘンが常勝軍団ですよね。ちょうど今朝、バイエルンはリーグ優勝を決めましたけど、無敗でタイトルを取るというのは普通あり得ない。

しかも、いくらバイエルンが強いと言っても、毎試合4点、5点を奪えるわけではない。たぶんここまで来るには失点を少なく抑えて、1-0や2-1、あるいは0-0でぎりぎり引き分けたという試合もいくつかあったでしょうし、僅差の試合の中で、GKが結果を引き寄せたケースも少なからずあるはずなんです。

正直な話、僕はプレーそのものに関しては、（ジャン・ルイジ・）ブッフォン選手もかなり好きなんですが、ノイアー選手は昨年のチャンピオンズリーグ（以下、ＣＬ）でも優勝している。とにかくこの1年間で一番勝っているチーム、どこよりも負けていないチームのＧＫということで、ノイアー選手を選びました」

――たしかにノイアーは今、最も旬の選手ですね。

「彼に関してすごく感じるのは、バイエルンというチームにすごくフィットしているということなんですよね。逆に言えば、ノイアー選手が仮にユベントスのようなクラブに移籍したとすれば、今ほどはしっくりはまらない可能性もある。

もちろん本当に能力の高いＧＫは、新しい監督の下で『こういうサッカーをするから、こういうプレーをして欲しい』と言われときに、すぐに対応することもできる。スムーズに合わせられるというのも、大切な能力のひとつですから。

でもチームによってサッカーが変わってくるのも事実だし、フィールドプレイヤーと同じで、クラブが目指している方向性や、個々のポジションに求められている役割と完璧に合うかどうかは、すごく大きな分かれ目になってくる。

ＧＫは特別なポジションだとよく言われますけど、僕はＧＫだからチームのスタイルに合っていなくてもいいとはまったく思っていなくて。

だからこそバルセロナは、ビクトール・バルデス選手のように、足元の技術がしっかりとあるGKを起用していたし、彼が移籍した後はテア・シュテーゲン選手のように、やはり足元の技術がある選手を呼んでくるんだと思います。

逆にGKとしての能力が偏っていて、シュートの対応はできるけど、1対1や裏の対応はまったくできない、ビルドアップでも貢献できないようなGKが移籍していたら、チームに何が起きるかは簡単に想像できる。たぶん、ボールが全然回らなくなって、困った状況になってしまう。

もっと言えば、今のサッカー界では、GKにビルドアップがすごく求められてきているじゃないですか。ましてやバルサは特にこの傾向が強い。GKもチームのスタイルや監督が求めるサッカーにリンクしていくべきだと思うし、それができるとチームがよりスムーズに回るような気がしますね」

ノイアーとペップの親和性

――同じ理屈で、今のバイエルンにとってはノイアーがまさにうってつけの選手だと？

「そう思います。たとえばこの間、マインツ戦で岡崎（慎司）選手のシュートをギリギリのところで防いだプレーがありました。同じGK目線で言わせてもらえば、あのスペースを消すこと自体、簡単じゃないんですよね。

それにチームがいつもラインを低く設定していて、シュートをボックスの中で止める回数が多いようなGKであれば、あそこまで出ようという発想そのものが生まれない。むしろゴールエリアの中に留まって、シュートに対応しようという発想になると思うんです。

でもノイアー選手は、もともと足元の技術とか裏に飛び出す対応能力に関しては優れたものを持っていたから、ああいう対応が即座にできる。そもそも裏のボールをヘディングでクリアするようなプレーは、他のGKはなかなかしようとしないんです。

しかもグアルディオラ監督が来てから、チーム全体としてボールを支配している時間も長くなったし、ディフェンスラインも高い位置まで上がるようになった。結果、GKも裏のスペースを割と幅広く守らなければいけないようなケースが増えてきている。そういうチームの変化に、ノイアー選手はすごく合っているのかなと思います」

——もともとの資質が、ペップが来たことによってさらに伸びたと？

「僕はそういうイメージを持っています。

仮にノイアー選手がディフェンスラインをすごく下げるチーム、たとえばドイツでもバイエルン以外のチームや、イタリアのＡＣミランに移籍したら、深い位置で相手にシュートを打たれる機会が多くなってしまう。そういうチームに行くと、彼の良さというのは出せないと思うんですよね。

でも今のバイエルンは、ディフェンスラインを高く保っているから、ノイアー選手は自分の得意なプレーを発揮しやすい状況になっている。

しかも、チーム全体として相手のボールにしっかりプレッシャーをかけることができているので、裏のスペースが空いていてもボールの出所が比較的予測しやすいし、どの範囲までノイアー選手が対応するかという役割分担もはっきりしてくる。そういう意味でも、彼の良さが活きているんじゃないかと思いますね」

——つまりＧＫの評価は、選手単体ではなく、あくまでもチームとの関係という相対的な要素で決まってくる？

「そうですね。さっきも言いましたけど、チームとの関係や、相性は大事だと思います。フィールドプレイヤーにしても、たとえば一人だけ違うプレーをする選手がいたら、チームがうまくいかなくなってしまう。これと同じで、やはりGKもそのチームや監督のスタイルに合ったプレーをしていくのが、すごく重要になる。それができるかどうかでGKの出来も変わってくるし、チーム全体の成績も左右されてくると思うんです」

シュートストップがきわめて優れるブッフォン

――ブッフォン選手についてはいかがですか？

「ブッフォン選手も、やはりミランというチームにしっくり合っていますよね。もともとイタリアの場合は、ラインを低く設定するチームが多い。ユベントスは割とアタックするチームなんですが、それでもやはり他の国のクラブに比べればラインは深めになる。

そういうふうにラインを下げた状態でのシュートストップやクロスへの対応、あるいは1対1のポジショニングは、ブッフォン選手自身のスタイルにもすごくはまっている。だからあれだけすばらしいプレーができるんです。

ただし僕自身は、今の今はバイエルンがヨーロッパの中でトップだと思っていて。そういう状況をトータルで考えたときには、やはり一番強いチームに所属していて、プレースタイルもしっかりフィットしていて、勝利にも貢献しているノイアー選手がベストなのかなと思いますね」

――ブッフォンとノイアーはどちらも超一流のGKですが、ブッフォンはボックス内が強い。ノイアーはそれにプラスして、さらに機動力を持っているという印象を受けます。この捉え方は、間違ってはいないでしょうか？

「間違っていないと思います。もちろんGKには、それぞれのやり方があるんですけど、それは二人の構え方を見ても、すごくよくわかる。

たとえばノイアー選手は、とてもダイナミックに動きますよね。だからこそ、そういうスタイルに合った構え方をしている。これはフリーでシュートを打たれたときに、しっかりタイミングが取れることにつながるんです。

でもブッフォン選手は、予備動作をあまり取らない。ノイアー選手とは対照的なスタイルですけど、これはこれでイタリアやミランのサッカーには、とてもうまくはまっている。

ラインが深くなれば、ゴールに近い場所でのプレーも多くなる。つまりGKにとってはDFがたくさん前にいて、シュートがどこから飛んでくるかわからないような状況の中で、対応しなければならない場面が増えてくるんです。

そんな状況で1対1の場面を作られると、予備動作の大きいGKはタイミングがずれてしまったり、少し見えにくいコースから飛んできたシュートに、うまく合わせられなくなったりしてしまう。

でもブッフォン選手は、微動だにしないという言葉が似合うぐらい、シュートを打たれる瞬間にはぴたっと止まっているんですよね。

口で言うのは簡単でも、これは結構難しいし本当にすごいことなんです。

もともとGKは、基本的にプレーが受け身になるじゃないですか。だからシュートを打たれる瞬間に、うまくタイミングを合わせようとすると、どうしても予備動作が入りやすくなってしまう。そこは僕も改善しなければならない課題なんですが、ブッフォン選手はそういう部分でもずば抜けている。

かなり昔の話になりますけど、CLの決勝でミランの（フィリッポ・）インザーギ選手がニアサイドで合わせたヘディングシュートを、ブッフォン選手が左手一本で止めたシーンがあったじゃないですか。あのプレーは本当に一瞬の反応なんです。しかも、ぱっと回転してから自分の動作を一度止めて、そこから打たれたシュートに反応している。

これはすごく難しくて。少しタイミングがずれると、身体を思った方向に動かせなくなるから、その場で腰砕けのような姿勢になってしまう。

こういうプレーを見ても、ブッフォン選手はいつもしっかり構えて、自分の身体の軸を維持しながら、ボールに反応できるようにしていることがわかる。僕も同じようなスタイルを目指しているので、ブッフォン選手のプレーは参考になるし、個人的にも好きなんですよね」

——ということは、ブラインドから来たボールに対する瞬時の反応の速さでは、今でもブッフォンのほうが、ノイアーより上回っている可能性もあると？

「そうかもしれません。ただしサッカーの試合では、まったく同じ状況は絶対に起こらないので、そこを判断するのは難しいのも事実なんです。

実際問題、ノイアー選手は今回のアンケートで断トツの1位になっていますけど、ブッフォン選手との差は、非常に高いレベルでのすごく小さな違いに過ぎないかもしれない。

これは（イケル・）カシージャス選手や、チェルシーの（ペトル・）ツェフ選手にも当てはまる話で。そもそも各国リーグでトップにいるようなGK、あるいはCLでベスト4に入るようなGKは、みんな突出した能力を持っているわけだし、その差は本当に小さいと思いますね」

正しい判断とタイミングで前に出るノイアー

――ではノイアーのプレーに関して参考にしていたり、これからご自身で取り入れようとしている要素は？

「ノイアー選手の場合はやはり守備範囲ですよね。フィールドの選手から見ても、あの範囲を守れるのはすごいと感じると思いますし、しかも状況判断にもとても優れている。

たとえばサッカーの試合では、GKが出ていかなければならない場面もある反面、DFに任せたほうが良いと思えるような状況も出てくる。

これは予測の部分になるんですが、ノイアー選手のプレーを見ていると、たとえばセンターバックのダンテ選手のカバーリングが少し遅れているから、このスペースは自分がケアしようというような判断が正確にできているのがわかる。

だから彼が前に出て行くときには、DFの選手と絶対に重なったりしないし、やはりGKがカバーするのが正しかったという評価になるケースがすごく多い。ノイアー選手はおそらく、ペナルティエリアとセンターバックがいるエリアだけじゃなくて、その脇のスペースもかなり広いところまで、きちんと見えているはずなんです。

しかも『このDFの選手なら、この範囲まで守れる。でも、あそこまでは無理だろうから、外のスペースは自分がカバーしよう』といったように、味方の能力もきちんと踏まえた上で、ゲームの流れを読んでプレーしている印象が強い。そこは本当にすごいと思います」

――GKはその上で実際にボールをクリアしたり、シュートを打たせないようにしていかなればならない。

「結局これは、サッカーを本当の意味で知っているかどうか――瞬間的に判断するときの勇気や、スペースに出ていった後の最終局面でのプレーの質にもかかわってくる。

今は多くのチームがラインを高く保つようになってきているので、自分自身のレベルアップのためにも、ノイアー選手は参考にしていきたいですね」

――判断の部分は奥が深いですね。いくらスペースをカバーすると言っても、同じタイミングで出続けていれば、それはそれで今度は裏を突かれるわけで。

「まさにそうです。たとえば裏に出たボールをGKがすべて処理しようとすると、DFが対応したほうが良かったというケースが、得てして起こりやすくなってしまう。

それにボールホルダーとの駆け引きも当然あります。最初から前ばかり狙っていると、頭のいい選手には裏を突かれてしまいますから。

でもノイアー選手には、それがないんです。普通に考えれば、相手にシュートを打たれると思うような場面も増えてくるはずなんですけど、実際にはボールホルダーがシュートを打てない状況で、しっかりブロックすることを狙っているんですよね」

——結果的にブロックできた、できなかったではなく、彼なりのきちんとした読みや計算があると？

「絶対にあるでしょうね。実際に本人と話したことがないのでわかりませんが、あれだけのスペースを処理できるというのは、やはりそういう冷静な計算や判断能力を持っている証拠だと思います。

あとはやはり勇気がすごいと思いますね。ここだという場面で飛び出していくスピードや迫力はずば抜けていますから。

ああいう場面では、一瞬でも躊躇すると対応が遅れるし、ＰＫを取られる危険性も増える。でもノイアー選手は、あんなに裏のボールに出ていくのに（相手のＦＷをファウルで止めざるを得なくなり）退場するイメージがないですよね。

実はそこが一番すごいところで。前に出ていくときには、本当に正しい判断とタイミングで、自信を持ちながら一気に出ていく。ファウルで退場になったり、ＰＫを与えたりしていないという実績も踏まえて、やはりすごいＧＫだと思いますね」

トレンドとしてのドイツ人ＧＫ

――今回は権田選手が、ヨーロッパサッカーのファンだということでお話をうかがいに来たのですが……。

「そうですね。結構好きです（笑）」

――ノイアーを特に好きになったきっかけ、特定の試合はありますか？

「かなり古いんですが、シャルケにいたときのＦＣポルト戦ですね。

おそらく２００７年か２００８年だと思いますが、その頃のノイアー選手はそれほど有名ではなくて、まだ若手で試合に出始めた頃だったんです。

でもプレーが本当にすごかった。映像を見ればわかっていただけると思うんですけど、試合の流れを一人でもってきたぐらいの印象でした。

当時のFCポルトはかなり良いチームだったし、逆にシャルケは今ほどではなく、CLに出てもギリギリのところにいるような状況だった。でもノイアー選手が、そういう状況を変えてしまったんです。

実際、あの試合では1対1も止めてみせたし、その止め方もすごかった。たとえば普通のGKは、1対1になったらキッカーと正対して構えますよね。でも彼はDFのように少し斜めに構えて、自分の狙ったところにわざとシュートを打たせて止めていたんです。

ああいう感覚はそれまでの自分になかったので、彼のプレーを見たときに『何だ、このセービングは！』と驚かされました。ドイツのGKはもともと大きいのに、ノイアー選手はそういう細かな身体の使い方までうまかった。おまけに力強さもあって、キックもすごく飛ぶということで、強烈に印象に残ったのを覚えています」

――今、「ドイツのGK」という表現が出てきましたが、たとえばフィールドプレイヤーに関して、スペインサッカーがトレンドになっているのと同じような意味で、ドイツのGKがトレンドになっているという印象はありますか？

「僕は海外のいろいろなチームに練習に行っているんですが、まず練習方法は国ごとに全然違っているんです。

当然と言えば当然なんですけど、その国のサッカー文化や選手の特徴がみんな違うから、GKのスタイルも自然と違ってくる。ドイツのように身体の大きい選手が多いのか、あるいはブラジルのように俊敏な選手が多いのかでも対応の仕方は変わってくるし、イタリアならばラインを下げるチームが多いので、ゴール前で筋肉の強さを活かしてプレーするGKが増えてくる。実際イタリアには、瞬間的に力を出せる選手が多いですしね。

だから以前は、練習方法やセービングのスタイルは、その国の伝統を受けて自然に違ってくるんだろうなと、ずっと思っていました。

でも僕が見る限り、ドイツのGKは今までの伝統的なGKのスタイルから少しシフトチェンジしてきている。現代のサッカーに合うように、スタイルが変わってきたのかなという印象があります。

たとえば以前、オリバー・カーンという選手がいましたよね。

彼は2002年頃、世界ナンバーワンのGKとしてシュートをことごとく止めていたし、闘志もあふれる、すばらしい選手だった。

でも足元はうまいタイプではなかったし、広いスペースを守るのも得意ではなかったから、2006年のドイツ代表は（イエンス・）レーマン選手を使うようになった。これはカーン選手のようにゴールラインに立って守るのではなく、広いスペースを守れるGKが必要だという考え方に変わってきたからなんです。

そして今度は、レーマン選手以上に広いスペースを守ったり、足元でボールを扱えるGKが増えてきた。今のノイアー選手、（ローマン・）ヴァイデンフェラー選手、テア・シュテーゲン選手、（レネー・）アドラー選手もみんなそういう新しい世代です。特にテア・シュテーゲン選手のキックなんて、本当にすごいじゃないですか。

もともとドイツのGKは、シュートを止める練習をたくさんしているので、しっかりボールを止める能力に長けていた。今はそういう能力にプラスして、時代の変化やサッカーのトレンドに応じて広いスペースを守る方法や、足元でボールを扱う技術がプラスされてきたという感じだと思います」

――GKの変化から、サッカーの進化が透けて見えるというのは興味深いですね。

「昔のドイツは、長いボールを蹴って大きい選手が競り合い、少し小さいけれどスピードのある選手がセカンドボールを拾う。そこからサイドに持っていってクロスを上げて、それを（オリバー・）ビアホフ選手が決めるという感じだったと思うんですよね。

でも今では後ろからビルドアップを始めたり、何人もの選手が連動して動いたり、ゼロトップのようなシステムを使うまでになった。

こうした時代の流れの中で、ドイツのGKがひとつのトレンドとして、すごくいいGKだと評価されるようになってきたんだと思います」

――そこに先ほど、権田選手がおっしゃったペップの影響も絡んでくると。

「そうですね。僕がこんなことを言っていいのかわかりませんが、バイエルンがこのタイミングでグアルディオラ監督を呼んできたのは、ドイツサッカーにとって、すごくプラスだったんじゃないかなと思います。

一時期、ドルトムントがプレッシングをベースにしたサッカーをしたことで、一気に成績が伸びた。バイエルンは良い選手が揃っているのに、そのプレッシングに屈して勝てなくなった時期があったじゃないですか。

でもグアルディオラ監督が来たことで、仮にプレッシングをかけられてもポジショニングやボールポゼッションで、ドルトムントを打ち負かせるようになった。こういうサッカーをするチームが出てきたというのは、ドイツサッカーにとってすごく大きかったんじゃないかと思います。それに伴ってGKに関しても、ノイアー選手を筆頭に広いスペースを守れる選手が増えてきた。

こういう変化は、ディフェンスの仕方にも影響を与えているんです。

たとえばこれまでのドイツのセンターバックは、高さはあるけどあまりスピードがなくて、広い範囲を守れないというのがウィークポイントのひとつだとされてきました。

でも、そういう弱点も、GKがカバーできるようになってきている。こうした守備陣全体の進化も、各クラブチームやドイツサッカーにとって、すごくプラスになったんじゃないかと思いますね」

守備陣形の変化に伴う難しさ

――新しい世代のGKが出てきたことで、センターバックとGKの役割分担が微妙に変わりつつあると。

「変わってきていると思いますね。

今のＦＣ東京もそうですが、試合に出場するセンターバックの選手のタイプによって、ＧＫが守備範囲を変えなければならない場面が出てくる。

たとえば、加賀（健一）選手というＤＦがいるんですが、彼はすごくスピードがあるんです。なので相手に裏を突かれた場面で、仮に加賀選手がボールから離れた位置にいたとしても、最終的にはなんとか追いついてカバーしてくれる。だから加賀選手が出ているときには、僕が前に出て相手選手と1対1になるよりも、彼がゴール前に戻ってくるのを待って、2対1の状況にしたほうがいいと判断する場面が増えてくる。

でも、それは加賀選手だからこそできることであって。他のセンターバックが出場した場合には、やはり自分が前に行って1対1の対応をしなければならないケースも出てくる。

もちろん逆のケースもあります。今は怪我で帰国していますが、ブラジル人のマテウス選手はヘディングがとにかくすごいんです。１９０センチあって、頭を超えるかなと思うようなボールも絶対に上を超えてこない。本当にブラジルのザゲイロ（センターバック）という感じの選手なので、彼がいる場合にはクロスの対応はある程度任せるという感じになります。

ＧＫはそういうふうに、試合に出ているセンターバックのタイプや、守備範囲を考えないといけないんです。仮に身長が１７０センチ台のセンターバックの選手が多ければ、自分ができるだけクロスを処理しないといけなくなってきますしね。

要は自分の前にいるセンターバックの特徴や、ウィングバックが攻撃的か守備的かによっても、アプローチはすべて変わってくる。僕自身、今日のメンバーはこれが得意だけど、ここは突かれる場面も出てくるかもしれないと考えた上で、自分のポジショニングを調整したり、対応するときのイメージを頭に置くようにしていますし」

——3バックと4バック、どちらがやりやすいというのはありますか？

「どちらも良さと難しさがありますね。

一番難しいのは、3バックに慣れている選手が4バックに戻った場合だと思います。結局、日本の3バックは基本的に5バックになりがちなんです。だから普通は68メートルを5人で守っている感覚なんですが、それが4人になると一人ひとりの間に空いているスペースが増えるので、スライドしてポジションを修正する場面が多くなってくる。

だから3バックに慣れてしまっている選手は、スライドのタイミングが遅れるようなケースも出てきてしまう。ＦＣ東京も、昨シーズンは3バックと4バックを併用していましたが、やはり3バックで戦ったあとの4バックのゲームはすごく難しかったですね」

イタリアにおけるGKの指導と日本の現状

――わかりました。ここからは海外のGKについて再び質問させてください。

権田選手は5年前に、エルメス・フルゴーニのようなイタリア人GKコーチをわざわざ訪ねて指導を受けています。初めて彼から指導を受けたときに一番学ばれたもの、一番驚かれたこととは何でしたか?

「5年前に初めて彼のところに行った頃、僕はGKとは『守る選手』だと思っていたんです。でも彼には『ボールにアタックしろ』ということをすごく言われました。

クロスへの対応も、それまでは高いボールを相手と競り合いながら上で取る――自分が相手に勝てる場所で取るというイメージがあったんですが、フルゴーニさんはニアサイドに来たボールでも、やはり相手より前で触るというイメージを教えてくれて。

さらに言えば、僕はゴールをまっすぐに背負った状態でシュートを止めることを心がけていたんですけど、セービングのときにもボールに正対するのではなく、身体にアングルを付けて守る方法を知ることができた。

GKが少し前に出れば、(アングルが狭まって)守る範囲は狭くなりますよね。そういう感覚は僕にも当然ありました。でも少し前に出てシュートアングルを狭めた状態で、さらに身体に角度を付けてセービングすれば、GKが守る範囲はもっと狭くなるんです。

たとえば斜め45度からシュートを打たれそうになったときに、ゴールに対して並行に立っていたら、やはりファーサイドは遠くなってしまう。

でも足の向きを少し変えて身体を斜めにするだけで、自分にとって真横にあたるはずの位置を斜め前にずらして、対応しやすい状況を作ることができる。つまり、それだけ広い範囲を守れるようになるんです。

以前のゴールキーピングは、ゴールラインの『線』を守るイメージだったんですが、彼からはアングルを付けた状態で、自分の身体の『面』で守るという感覚を教えてもらいました。『そういう考え方もあったのか』と思ってびっくりしましたね」

――単純に前に出て、シュートアングルを狭めるだけではないんですね。

「もちろん、前後のポジショニングもGKにとっては大切な基本プレーなんですが、特に斜めからシュートを打たれたときの身体の向きは、本当に重要になるんです。たとえば少しでも身体が開いていると、セービングの向きがどうしても真横になってしまうので、（ボールまでの距離が）遠くなってしまう。

でも身体を少し斜めに向けるだけで、ボールが真横に行ったときでも最短距離でカバーできる。その練習は今でも続けているし、効果も実感できています。初めて彼の下に行ったときは、来て良かったなと本当に思いましたね」

——やはり日本と海外では、ゴールセービングの考え方やノウハウの蓄積という点で、まだそれだけの差があると。

「そうですね。でも、これはもう歴史の違いだと思います。Ｊリーグはまだ22年目で、初期に現役だった選手が、ようやくＧＫコーチになり始めた段階じゃないですか。だからゴールキーピングに関するノウハウが少ないのは、仕方ないのかなとも思いますね。

これがイタリアになると、状況はかなり違っていて。何十年という歴史の中でいろんな試行錯誤をしながら、ずっとノウハウを積み重ねてきている。しかもフルゴーニさんのように——彼は今66歳ですが——様々なサッカーの移り変わりや、いろんなスタイルを自分の目で見ながら、専門のＧＫコーチとして長年やってきた人もいるわけです。

でもそういう人は、日本にはあまりいません。今はまだ教科書通りの指導というか、GKコーチそれぞれが持っている経験が、少し少ないのかなとは思います」

――歴史の違いに負う部分も大きい。

「もちろん日本でも最近、加藤好男さんなどが海外のチームで指導するようになりました。あるいはパラグアイで小澤（英明）さんがGKをされたり、（川島）永嗣さんもベルギーでプレーしたりと、世界に挑戦するGKも現れ始めています。

だから日本のサッカー界でも、それぞれのGKがヨーロッパやアジア、南米のサッカーに触れながら、まずはいろんな考え方を吸収していくことが必要になる。そもそも日本は島国なので、そういう挑戦をしないと考え方が固まってしまうと思うんですよね。

その上で、今海外に挑戦している選手が、そこで得たものを10年後、20年後に若い選手に教えるようになったときに、『ああ、このGKは永嗣さんの教え子だから、こういう強みがあるよね』というように、独自の『色』や特徴が初めて生まれてくる。

僕の場合、引退はまだまだ先ですけど、やはり現役を引退したら自分が今まで得た経験を若い選手たちに教えていきたい。だから今はGKとしてとにかくいろんな経験をしながら、自分が引退したときに、できるだけたくさんのことを教えられるように蓄積していきたいと思いますね」

――その海外のモデルについて質問させてください。同じヨーロッパの強豪にしても、GKの進化のレベルやスピードは違うような印象も受けます。

たとえばイタリアには、かつてはディノ・ゾフという名GKがいて、現在はブッフォンのようなGKがいるわけですが、ドイツに比べるとGKの進化やスタイルの変化が見えにくいのかなという印象も受けます。この点についてはいかがですか？

「自分が詳しいのは（ジャンルカ・）パリューカ選手くらいからの世代からなので、正直、ゾフ選手のプレーはあまりわかりません（笑）。

でもイタリアのGKに対しては、とにかく洗練されているというイメージはすごくあります。研ぎすまされていて、本当に応用がきくというか。

彼らは一本のセービングでしっかり力を出すトレーニングをしているし、身体の使い方も、膝をついた状態から跳ぶといったような練習をしっかりこなしている。GKはグラウンドに倒れて、そこから再びボールに向かうことも必要になりますけど、特にイタリアの場合は、こうした具体的な状況を取り出した練習がすごく多いんですよね。

日本代表の（マウリツィオ・）グイードコーチも、フルゴーニさんも常に試合を逆算して指導している印象があります。『こういう状況が起こり得るから、この練習が必要なんだよ』と、きちんと目的を説明できるような練習が多い。

イタリアのGKのレベルが高いのも、そこに理由があるんだと思います。実際に起こり得ることを練習できちんとシミュレーションしているので、同じようなセービングを試合の中で当たり前のようにできる。

もちろん、その中でも『色』はあります。たとえば（アンジェロ・）ペルッツィ選手とパリューカ選手は、全然タイプが違うじゃないですか。

そういう違いはあるにせよ、みんなに共通して言えるのは実戦での対応力の高さになる。逆算がきちんとできているので、シュートをばんばん受けなくても、とっさに対応できるんです。僕自身、試合に出ていると『あ、これはフルゴーニさんと練習でやった、あのシチュエーションだ』と思い出すような場面が頻繁にありますから」

——そういう意味でも、イタリアのGKコーチには、長年の蓄積が活かされている。

「そうだと思います。

たとえば（ジョゼ・）モウリーニョ監督のように、選手を経ないですぐに指導者を目指してやってきた人もいる一方、イタリアにはフルゴーニさんのように、GKコーチ一筋でいろいろな試行錯誤をしながら何十年もやってきた人もいる。

ただし他の国のＧＫコーチや、ＧＫの考え方にも、やはり独特の良さはあるはずなんです。だから今後は、できればブラジル人やドイツ人、あるいはアジア人――たとえばタイのような国のＧＫコーチとも練習をしてみたいんですよね。

結局、ゴールを守るという目的はどんな国でも共通している。だからこそ、その目的に対して、それぞれの国のサッカー文化の中で、どういう考え方をしているのかというのはすごく興味があって。いろいろなコーチの考え方を聞いて、経験値や引き出しを増やしていければと思います」

ＧＫのどこを見ればいいのか

――今は、どのくらいの頻度でヨーロッパサッカーを観ていますか？

「スカパーに加入していて、だいたいどこの国のリーグでも観られる契約になっているので、少しでも時間があればすぐにテレビをつけますね。

今までは録画機能がなかったので、たまたまその時間に放送しているＪ１やＪ２の試合を観ることしかできなかったんですが、最近引っ越して録画できる機械を導入したので、録画でいろいろ観るようになりまして(笑)。

今日も帰ったらクラシコを観る予定なんですけど、本当に我が家では、子どもが喜ぶアニメ系かサッカーの試合しか観ないですね。たぶん、2日に1試合くらいのペースで観ていると思います」

――権田選手のアンケートでは、セリエAを一番多く観ると書いてありましたが。

「アンケートに答えたときは、まだ引っ越していなかったんですよ。

前の自宅の環境だと、スカチャンでセリエAをたくさん放送していましたし、監督もイタリア人だったのでセリエを中心に観ていました。でも、さっきも言ったようにレコーダーも導入したし、スカパーとも契約したので、これからはドイツを観る機会が増えていくと思います。今朝もバイエルンが優勝した試合を観てきたところです。

ただしセリエAは、どのチームも守備の組織がしっかりしていて、こういう相手だからこういう対策をしているというのがテレビでもはっきりわかる。だからディフェンスの勉強という意味でも、セリエAは結構好きで観ていましたね」

――しかしフィールドプレイヤーと違い、GKの場合はなかなかテレビに映る場面が少ないのも事実です。一般の人たちはテレビの中継を通して、どのようにしてGKを評価すればいいのでしょうか？　これは読者からの質問です。

「最初に言ったことと重なりますが、僕はやはり勝ったチームのGKがいいGKだと思っています。もちろん判断は難しいんですけど、少なくとも僕はそういうふうに考えるようにしていて。

たとえば、GKにシュートが1本も飛んでこない状況のままで試合に勝ったケースと、GKがすごいシュートを10本止めたのに、たまたま11本目で決められてチームが0-1で負けたケースがあるとするじゃないですか。

こういう場合、どちらのGKが良いかと判断するのはすごく難しい。でも試合には負けたけど、GKは良かったという判断になってしまうと、それはそれでちょっと微妙かなと思うんです。

それとやはり、シュートを打たれる回数が少ない場合は、集中力を維持していくのが難しくなる部分も出てくる。だから強いチームでプレーしていて、シュートを打たれる頻度が少なくても、その1本のシュートを確実に処理できるGKは、やはりいい選手だと思うんですよね。

とは言っても、何を基準に判断するのかは本当に難しい。テレビカメラはどうしてもボールを追うので、GKのプレーを見きわめにくいという問題もありますから」

――では権田選手の場合、ただでさえGKが映りにくいテレビ中継において、どのようにしてGKを判断しているんですか？

「僕はボールをキャッチできるGKは、いいGKだと思っています。もちろん弾かなければいけないケースもありますけど、キャッチすべきボールを確実に一発でキャッチしているGKは、テレビを観ていても『おお、いい選手だなあ』と思いますね」

――仮に難しいシュートを打たれたとしても、ごく普通のなんでもないシュートのようにキャッチしてみせる。野球の内野手が、あらかじめピッチャーの投球に合わせて守備の位置を変えておくのと同じで、ファインプレーをファインプレーに見せないGKのほうが優れていると。

「そう思いますね。

この前、ガラタサライとチェルシーの試合を見ていたんですが、ウィリアン選手がインステップでバーンと撃ったシュートを、（フェルナンド・）ムスレラ選手が一発でキャッチしたプレーがあって。一般のファンの方は覚えていないようなシーンでも、僕自身は、あの速さのシュートを当たり前のようにキャッチするのかと感心しました。

逆のケースが、ポルト対ナポリの試合でしたね。

たしかにポルトのGKはシュートを何本も止めていたし、試合の勝敗を左右するという意味ではいい仕事をしていました。でも、正面のボールをポロッと落としたりする場面が結構多かった。（正GKの）エウトン選手が怪我をしてしまった関係で、サブの選手が出ていたんですが、一つひとつのプレーを見るとやはり経験が浅いのがわかったし、まだレギュラーでは出場できないGKなんだなという印象を受けましたね」

——そういうふうに試合を観られていて、自分もブンデスリーガやセリエで十分にやれるはずだという感触を抱いたり、自信を覚えたりする場面はあるのではないですか？

「以前はテレビを観ていても、割とそう思っていたんです。でも一昨年の年末にドイツとイタリアに練習に行ったとき、『やっぱりすごいな』と改めて思わされました。

シュツットガルトとエラスベローナという、それぞれ1部に所属しているチームに行って、実際に向こうの選手たちと一緒に練習をさせてもらったんですが、シュツットガルトの（スヴェン・）ウルライヒという選手などは、すごいGKだなと思いましたし」

――具体的には、どのあたりで?

「身体が大きいのに、単純に速いんですよ。日本人の感覚だと、大きいGKはちょっと遅いみたいな印象があると思うんですけど、彼はサイズがあるのにめちゃくちゃ速い。たぶん、僕より5センチくらい大きいのに、セービングのスピードが速かったり、1対1でも絶対にやられないぞという雰囲気を全身から漂わせている。ああいう選手やプレーを見て、自分はまだまだだと感じさせられましたね」

――でも僕たちとしては、権田選手がFC東京でJリーグを制覇したのを手土産に、海外のリーグでも活躍される姿を見たいのですが。

「そうですね。だから僕は今、そこに向けていろいろと蓄えている時期なんです。イージーミスをせずに、一つひとつのボールをキャッチできるかどうか、あるいは繊細なプレーができるかどうかという要素は、海外で長く成功するためには絶対に必要ですから。結局、一番いいGKというのはチームメイトから安心されるGKなんです。

今回のアンケートで1位になったノイアー選手がまさにそうですし、僕もやはり『GKは誰がいい?』とファンが質問されたときに、『もちろん権田がいい』と言ってもらえるようになりたい。だから、そういう目的意識をしっかり持ってやりたいなと思いますね」

――権田選手の活躍を通じて、ファンのGKを見る目も肥えていくと嬉しいですね。

「今の段階であれば、ファンの皆さんもボールを止めたか、止めないかということしかわからないと思うんです。でもGKによって考え方は本当に違っていて、しかもチームが変われば、GKの考え方はさらに違ってくる。

そこをきちんと伝えていかないと、GKに対する認知度や知識も今のままのレベルになってしまうと思うんですよね。だからぜひ田邊さんにも、僕だけではなく、いろんなGKを取材していただいて(笑)。みんなで努力しながら、GKを見る際の基盤を一緒に作っていければいいですよね」

――頑張ります(笑)。GKの認知度が高まり、GKに関する議論そのものが深まっていけば、権田選手にとっても冥利に尽きますね。

「そういう意味でも、すごくやりがいを感じますね。

日本はサッカー後進国と言われますが、僕はその中でもGKはさらに遅れている分野だと思っていて。でも日本がこれからサッカー先進国と言われるようになるためには、GKそのものへの知識や理解まで含めて、レベルアップしていかなければいけない。僕はそう信じていますから」

＊

この記事は2014年、『スポーツ・グラフィック・ナンバー』誌の特集向けに行ったロングインタビューを全文、書き起こしたものである。

企画のタイトルは、「Jリーガーが選ぶ海外の要注目選手」というものだった。むろん日本人のサッカー選手は、総じて研究に余念がない。職業意識を超えて、いちサッカーファンとしても海外サッカーの試合をこまめにチェックしている。だが権田修一と西川周作は、特に海外のGKに特に詳しいということで取材に応じていただいた。

当時は、GKにロングインタビューが行われるようなこと自体が比較的珍しかったという要因もあったのだろう。練習直後で疲れていたにもかかわらず、権田は2時間近く話をしてくれたと記憶している。

イタリア、ドイツ、スペインなど、自身が肌で感じてきた各国の比較論は、実に詳細をきわめる。たとえばイタリアがGK大国だと言われる理由、あるいはドイツが存在感に満ちた守護神を輩出してきた理由などを、権田は非常に具体的に解説している。

このインタビューを読まれた方は、分析の正確さと説得力、そして発言の合間からにじみ出る、サッカーに対する愛情の深さに驚かれたのではないか。

ただし真に刮目すべきは、権田がこのような知識に溺れていない点だ。

通常、ここまで体系的かつ詳細な理論を構築しているならば、自分たちもそれを取り入れればいいという発想になりやすい。ところが権田は、安直な結論を出すのを避けている。逆にきわめてドライに、日本人GKが置かれた現状を認識し、日本のサッカー界に足りない部分をずばりと指摘している。それは体格などの物理的な要素ではない本質的な部分、絶対的な経験値と歴史、そして培われてきたノウハウである。

権田は、育成を成功に導くには世代交代も視野に入れた上で、日本サッカー界全体として知識と経験を蓄積していく必要性を強調している。さらには、そのプロセスに選手や指導に直接携わる人間だけではなく、ファンやメディアも携わらなければならないと説く。

サッカー人気をさらに定着させつつ、GKの認知度を上げ、「試合を見る目」を広く養っていかなければ、世界と戦える日本人GKは登場し得ないからである。

5 SHUICHI GONDA 2

「ヨーロッパに行くことが絶対の近道」

サイズと身体能力の差を超えるために

権田修一

前稿の取材が行われてから約3年後、権田修一はサガン鳥栖の一員としてピッチ上で躍動していた。この間、日本人GKを取り巻く環境は激変していた。とりわけJリーグでは外国人GKを起用するクラブが急増。また世界と戦っていくために、フィジカル面でのギャップを埋める必要性も、以前にも増して指摘されるようになっていた。そして権田自身もまた激動を経験していた。「世界と戦っていくためには今、何が必要なのか？」こう尋ねると、権田は自らが導き出した結論を、ためらうことなく口にしている。それは日本人GKという枠を超えていくための方策でもあった。

（取材日：2017年10月18日）

イタリア式の練習

——権田選手は、FC東京からオーストリアのホルンを経て、サガン鳥栖でプレーする形になりました。改めて体験する日本での選手生活、率直な感想はいかがですか？

「日本はどこでも日本語が通じるので、そういうところはまず不便しないですよね（笑）。サッカーに関してもイタリア人のジルベルトGKコーチから、また新しい刺激を受けています。あと九州はごはんがおいしいので、もちろんサッカーも含めて、すごく充実した毎日を過ごすことができていると思いますね」

——もともと権田選手は、イタリアにも指導を受けに行かれたことがある。やはりイタリア式のメソッドが、肌に合う部分はありますか？

「僕自身は、ザッケローニさんが代表監督のときも、ずっとイタリア人のGKコーチに指導を受けていましたし、FC東京でもフルゴーニさんが来てくれました。

今、FC東京ではジョアン（・ミレッ）コーチが、スペイン式のトレーニングをやっていると思うので、そういうところで興味は正直あります。

でもイタリアとドイツとスペインでは、やっぱり考え方も変わってくる。僕の場合はイタリア式の練習をやってきた時間が長かったので、やりやすさはありますね。

去年プレーしていたホルンでは、スロベニア代表のGKコーチをやっている方がコーチでしたが、そのコーチの指導方法もイタリア式に近かった。スロベニア代表では、インテル・ミラノの（サミール・）ハンダノヴィッチが試合に出ていますし」

――いわゆる「イタリア式」のサッカー哲学は、ドイツやスペインとどう違うのですか？

「イタリアは『点』にアタックするようなイメージがあるのかなと思います。

ドイツはどちらかと言えばシュートに対して面を作って守る。セービングひとつとっても、シュートコースに身体のどこかの部分を入れて、そこの面を守るというイメージに近い。一方スペインはどちらかと言えば、動きながら守るというイメージを僕は持っていて。

イングランドはまた少しタイプが違うかもしれないですけど、リーグを見ても、トップオブトップのチームでイングランド人のGKはいないのが現状なので、そのことを考えてもドイツ、イタリア、スペインの3ヵ国は、今世界のトップオブトップになるのかなというふうには思います」

――ボールにアタックするという考え方は、FC東京時代も盛んに口にされていました。

しかし以前のインビューでは、ヨーロッパに渡ったことで、アタックする感覚がさらに磨かれたと発言されている。

「去年ホルンでやったGKコーチというのが、そこの部分を要求する人でした。最初に行ったときはオーストリア人のコーチで、その人からは、どちらかと言えば面を作って守らせるようなことを要求されていたんですが、僕は早々と2ヵ月ぐらいで怪我をしてしまった。でも夏に来た新しいGKコーチはボールにアタックすることを要求するコーチだったんです。

しかも一番良かったのは、ハンダノヴィッチというモデルケースがあったというか。これまでは代表のマウリツィオコーチにしても、フルゴーニさんにしても、何が正しい成功例なのかが、なかなかわからないじゃないですか。

でもユーチューブで選手のトレーニングの動画が見られる時代になっているので、どういうプレーを目指せばいいのかを確認できる。

もちろん、真似ているだけでは一生その選手を超えられないし、身体のサイズも違うので自分なりにいろいろ変えたり、修正したりしていくことが必要になる。でも映像があれば、すごく吸収しやくなるんです。

今年はジルベルトGKコーチが来て、前にいたチームの映像を見せてくれています。もちろん一口にアタックすると言っても、ディテールは違ってくる。でも考え方がより鮮明になったというか、やりやすくなった部分はあります」

――アタックをさらに突き詰めていくというのは、たとえば飛び出すタイミングを正確にするということですか？　それともコース取りの修正でしょうか？

「今までだと、それぞれ個別の状況に合わせたトレーニングをしなきゃいけないと思っていましたね。でも基本的な動きというのは、要は全部一緒なんです。

たとえばボールをポンと出して、相手が蹴ってくるところにアタックする練習があるんですが、一歩ちゃんと踏み出して重心を乗せて蹴り出さないと、しっかりアタックできない。それはセービングも一緒で、構えていてボールを待つのではなく、転がってきたボールにアタックするイメージを持てば、動く方向が前か斜めかという違いだけになる。クロスのときも足が逆になるだけで、上のボールに対してアタックするのは変わらない。基本的な動きがしっかりできるようになれば、すべての局面においてボールにアタックしやすくなるんです」

――ある意味、きわめてシンプルな発想にたどり着いたと。

「でも、ある意味では昔からわかっていた部分でもあって。最終的にすべての話は、ゴールを守れるかどうかにつながってくる。テア・シュテーゲン選手みたいなタイプは別にしても、GKはシュートを止めるのが仕事になるんです。特にヨーロッパは、そこが日本以上に問われる部分じゃないですか。たとえ1対1の場面を作られても、止めなかったらGKが悪い、止めたらOKみたいなところがありますから」

――考え方が潔いというか、基準が明確ですね。

「ヨーロッパだと、つなぎの部分がどうとか、クロスの守備範囲がどうとか、そういう細かな部分もあまり大した問題じゃないというか。

もちろんGKにはいろんな方法論とかノウハウがありますけど、要は失点を防ぐことが最終目標になる。クロスに対応するのは、シュートを打たせないようにするためですし、失点を防ぐことだけを考えれば、ディフェンスラインの裏に抜けてきたボールにしても、必ずしもペナルティエリアの外に出なくてもいいことになる。シュートを打たれたときに、止めれば済みますから。でもペナルティエリアの外に出て未然に防いだほうが、もっと楽に処理できる。だから前に出るんです。

極論ですが、これはビルドアップにもつながる話なんです。マイボールの時間が長ければ、失点のリスクは自然と減っていく。だからこそきちんとしたフィードをしていくと。結局GKは失点をしない確率を上げることが仕事になる。そのために指示を出す、そしてリスクを管理していくという位置づけになるんです」

――すべてはゴールを守るところに集約されますね。

「でも日本だとキックをどうこう、ポゼッションがどうこうとか、クロスがどうこうとか、そういう話になりますよね。

でも向こうに行ったら、そこはそんなに大事じゃない。すごくシンプルな仕事だということがよくわかる。その点で考えると日本は正直、求められることが複雑過ぎるなと感じることもありますね」

危機感を持つべき

――ヨーロッパでプレーした経験を通じて、他に気がついたことなどはありました？

「やはりキックがうまいとか下手といったことよりも、サイズがない日本人のGKにとっては、正しいポジションを取ることが一番大事だと思います。

日本に身長が2メートルを超えるようなGKがたくさんいたら、細かなポジションの違いなんて大した問題にならないんです。一歩前に出過ぎていたとしても、上背やリーチがあるからボールに届いてしまいますから。

でもやっぱり日本人は、そんなにサイズがあるわけじゃない。だから普通の選手が打ったシュートはちょっとポジション取りを間違えてもなんとか対応できますけど、海外のパンチがある選手がシュートしたときなんかは、小さなミスが失点につながってしまう。

じゃあどうするか。たとえば野球の大谷翔平くんとか、ホークスの柳田（悠岐）選手とか、ああいう人がサッカーを小さい頃からやっていて、しかもGKをやっていたら、そのレベルまでいけるような可能性はあると思います。自分が将来的に指導者になったら、素材の部分ですばらしい子どもをサッカーに連れてきてGKにしたいと思いますし、そういうレベルからの育成ができれば可能性は上がってくるかもしれません。

しかし現状では、そんな急にスーパーな選手がポンと出てくるわけじゃない。育成にしても10年、20年はかかる。しかも身長はいきなり伸びるわけでもないし、ものすごくジャンプができるようになるわけでもない。筋力を上げて1メートル跳べるようになりますと言っても、筋肉自体をなじませて使えるようにするには、半年ぐらいかかる。僕のような歳になってから、そういう部分で勝負をしようとしても勝てないんです。

でも身長があんまり大きくないから無理だよと言ったら、話は終わってしまう。だったら、とにかくいいポジションを取って守る幅を広げるようにする、この状況だったら、この技術を使うべきだという正しい知識を身に付けていくようにする。そこが日本のＧＫにとって、一番必要なんじゃないかなと思いますね」


――日本人のＧＫをレベルアップする必要があるということは、ハリルホジッチ代表監督もさかんに指摘しています。


「代表監督は、日本のＧＫはだめだとよく指摘しますよね。代表監督はＧＫだったわけじゃないし、たぶん素直な感覚で発言しているんでしょうけど、その意見はすごく正しい。日本のＧＫが世界よりも遅れてしまっているのは、間違いないです。

今のＪリーグは、韓国人のＧＫが多いじゃないですか。

単純な話、あのサイズの日本人選手は、探してもなかなかいない。韓国のオリンピック代表のＧＫ、ク・ソンユン（コンサドーレ札幌）にしても、日本人の同世代の選手と比べるとかなり大きい。僕の世代でもヴィッセルのキム・スンギュや、去年福岡にいたイ・ボムヨン、フロンターレのチョン・ソンリョンは１９０センチぐらいあります。しかもみんな運動能力が高くて、とにかく跳べますよね。

だから、韓国人の選手が日本に来ているのは当たり前の話で。日本のサッカー界がＧＫの育成でミスしたとは言わないですけど、韓国に単純に負けたから、こういう現状になっているというのは素直に認めなければいけない。自分も含めて、日本のＧＫはもっと危機感を持たなきゃいけないと思いますね」

――そのギャップを埋めていくための要素のひとつが、ポジショニングだと。

「ええ、ポジショニングをこまめに修正して、常に自分が正しい位置を取っていくようにしていく。こういう努力をし続けるのは、日本のＧＫが今の代表監督が求めているレベルに達するために、一番必要なことだと思いますね。

たとえば楢﨑（正剛）さんとかは、正直そこが長けている選手だと思うし、だからこそあの年齢になっても、日本のトップでやっていくことができる。

もちろんトレーニングをしっかりしているからこそ動けるんだと思いますが、止める範囲や守れる範囲が狭くなっても、そんなに無茶をしなくていいわけです。逆に言うと、自分は身体能力で対応するからいいという考え方をする人は、絶対、あの年齢まではプレーできないし、あのレベルにもたどりつけない」

――この連載の第1回目は楢崎さんだったんですが、やはり究極は脚さばき（ポジショニング）だと言っていました。また懐の深いプレーをするという点で、権田選手は楢崎選手を連想させるという人もいます。その手の意見については？

「わからないです。それは人が評価することだし、GKはましてや受け身のポジションだから、結局は自分が一番得意なプレーをすることになりますよね。

メディアの人たちは、よく和製メッシとか和製なんとかとか、タイプ分けをするじゃないですか。自分はそういう考え方もしていないです。

じゃあ（西川）周作くんが和製テア・シュテーゲンかと言ったら、それは明らかに違う。世界の人たちは、足元の技術でトップなのはテア・シュテーゲンだと思っているけど、僕からすれば、周作くんのほうがテア・シュテーゲンより優れている部分もある。そもそも『和製＊＊』と言ったら、その時点で劣化版だということになってしまいます。

実際、去年ホルンで練習を見てくれていたコーチも、『ハンダノヴィッチには優れているところがたくさんある。でも俺は、お前が優れているところもあると思う』と言ってくれました。『そんなことない』って思う人もいるかもしれないですけど、しっかりプレーを見てくれている人は必ずいるんです。自分は自分のやれること、やるべきことをやっていって、評価は周りの人に任せるというスタンスですね」

――じゃあ権田さん自身は、自分の特徴をどう捉えていますか？　たとえばここがストロングポイントだと思うという分析でも構いませんが、いかがでしょうか？

「それも人に評価してもらうことなのかなと思います。つなぐことを求められるチームにいったら、たぶんつなぐプレーが自分のストロングポイントになる可能性もありますし。

でもサガン鳥栖では、そういうプレーを求められているわけじゃない。

さらに言えば、僕自身は何かで勝負をしようとも思っていなくて。何かに頼る気はない反面、何かを捨てたくもないですから。むしろ監督に求められることに、しっかり応えられるGKになれればと思っています。

もしも監督から、今の千葉のようにラインを高くするから、ディフェンスラインの裏をケアしてくれと言われたら、しっかり対応する。ラインを低くするから、とにかくミドシュートを止めてくれと頼まれれば、きちんと止めてみせる。もちろんつなぎたいから、ビルドアップのときにショートパスを出してくれという指示でもいいですし。

これは、いわゆる『器用貧乏』とは違うんです。器用で損をすることはないですから。そういうGK像が自分の目指すところですね」

日本人ＧＫが戦う術

――とはいえ、日本サッカーや日本人ＧＫが世界と戦っていくときには、なんらかの方向性を考えていかなければならない。そのヒントはどこにあると？

『ウイニングイレブン』のようなゲームやＦＩＦＡが出すデータには、チームや選手の数値が設定されていますよね。その単純な総合値で日本とブラジルを比べたら、ブラジルのほうが絶対に上になる。

でもワールドカップのような大会に出たら、日本は勝てませんでしたではすまない。数値が低かろうがなんだろうが、たとえば相手のスピードがない選手と日本のスピードがある選手をぶつけて、そこで勝負をしていくことになる。

もちろん実際の試合ではＧＫ同士が対峙することはありません。でも今のエデルソン（・モラレス）や（ジエゴ・）アウベスもシュートセーブはすごいかもしれないけど、日本で一番うまい周作くんのほうが足元の技術は明らかに高い。だったら周作くんの技術を活かしたサッカーをすれば、ブラジルにないサッカーができるはずなんです。

韓国は、ワールドカップの日韓大会のとき、ベスト4に入ったじゃないですか。あのときのGKは誰か覚えていますか？　イ・ウンジェです。

彼は特別に背が高い選手じゃないし、世界のトップチームでやっていたわけでもない。でも本当に落ち着いてプレーできるし、韓国のホームで開催されたという後押しはあったかもしれないですけど、世界でベスト4にまで入っている。

それを考えれば、僕は日本人GKがマンチェスター・ユナイテッドでプレーできるようになる可能性よりも、ワールドカップで上にいける可能性のほうが大きいだろうと思っていて。そもそものレベルが高くないといけないですけど、日本人選手の良さをしっかり踏まえた上で、そこを全力で活かす、あるいは日本人選手が持っている弱みを隠してあげることをGKが意識してやれば、世界で勝負できるはずなんです」

――サッカーというスポーツの妙味ですよね。

「たとえばアメリカのNBAで、日本の選手がセンタープレイヤーとして活躍できないのはやむを得ない部分も出てくると思います。そもそも体格や骨格が違うし、バスケットの場合はゴールが空中にあるというルールになっているので、サイズのない日本人が戦うのはどうしても難しい。

陸上の短距離もそうですよね。ウサイン・ボルトに真っ向から勝負しても、誰もかなわない。でも桐生（祥秀）選手は、海外の選手と違う部分でタイムを縮めて10秒をきったし、リレーのような種目でも、それこそバトンリレーとかいろんな部分を改善していくことで世界と戦えるようになる。

サッカーも同じで、グラウンドが大きくて、その中でいろんなことが起きるからこそ勝てる可能性が生まれてくるんです。実際、僕たちもオリンピックのときには、スペインに勝ったりしたわけで、あんな結果は、普通に考えたらまずあり得ない。でもチームは、実際に世界のベスト4までいきましたから」

――世界と戦う術は必ずあると。

「正直オリンピックに関しては、僕自身ほとんどチームの助けになれなかったという思いもあって。ダビド・デ・ヘアが日本のGKだったら、チームを『あと一押し』して、3位や優勝させるところまでいけたかもしれない。

その思いは、これからもずっと抱いていくと思います。でもチームが一体になって、自分たちの力を引き出し合いながら戦えば、あそこまでいけるのも事実なんです」

――日本のサッカー界や日本人GKが、世界と戦っていく。『あと一押し』の部分、何が

必要でしょうか？

「年齢にもよりますが、まずはできるだけ早く、ヨーロッパに行くことですよね。そのためにはエージェントなのか、クラブのスタッフなのかわかりませんけど、いろんな人の努力も必要になる。そもそも日本人のＧＫは、現地ではとても評価が低いですから。

しかも海外のクラブには外国人の枠があるし、ＧＫはただでさえポジションが少なくなる。逆にヨーロッパの2部や3部と比べると、日本のクラブのほうが当たり前のように給料もいいし、環境もいい。いろんな意味で、ヨーロッパに行くのは大変なんです。

でもそういう状況であっても、やっぱりまずはチャレンジするというのが大事なのかなと思いますね。僕はホルンでやらせてもらって、1年で戻ってくることになりましたけど、まずはヨーロッパの2部でもいいですから、そこからステップアップしていく。その点で（川島）永嗣さんはすごいし、これからもう一段階、ＧＫとしてさらに上に向かっている段階だと思っています。

もちろん日本でプレーするのも大事だし、Ｊリーグで結果を残すというのも本当に大切なことです。そこは基盤ですから。

でも今の日本は、海外からＧＫを獲得する状況になっているじゃないですか。

日本人GKが、『個』として世界のレベルに近づこうとするなら、ヨーロッパに行くことが絶対に近道になる。日本人GKが置かれた現状を変えるのは、まずはそこからかなと思いますね」

＊

「田邊さん、久しぶりじゃないですか。わざわざ東京から来てくれたんですか？」

前回のインタビューから3年。取材の席で再会した権田は相好を崩しながら、分厚い手をぐっと伸ばして握手を求めてきた。練習で日焼けした肌、人懐っこそうな笑顔、そして熱っぽい口調は以前となんら変わっていない。

だが僭越を承知で言うなら、権田からは一回りも二回りも逞しさを増した印象を受けた。ある種の迷いを吹っ切ったような雰囲気というのが正確かもしれない。

おそらくこれは彼が、一個人としてもサッカー人としても、様々な経験を重ねてきたことと無縁ではないだろう。

2016年には、オーストリアのホルンへ期限付き移籍も果たしたものの、ほどなくして骨折を経験してしまう。帰国後、意を決して再びヨーロッパに挑戦したものの、現地でプレーする夢は叶わず、サガン鳥栖に拠点を移すことになった。

この間にはオーバートレーニング症候群を患い、一時期、試合から離れたこともある。サッカーに賭ける情熱、そして幼少の頃から所属していたFC東京への思い入れは一入《ひとしお》だっただけに、想像を絶する苦悩を味わったであろうことは容易に推察できた。

だが幾多の紆余曲折を経て、権田は明らかに一皮むけて逞しさを増していたように見えたし、新たなクラブチームでも守護神として躍動していた。

いざ取材が始まってみると、最初に受けた印象はさらに強まった。

むろん、緻密に理論を展開しながら、ゴールキーピングを捉える姿勢は一貫している。だが彼は、いかなる要求にも応じられるような、より懐の深いGK像を目指すようになっていた。日本には「守破離」という言葉あるが、まるで武道の達人の如く、理論派でありながら、理論を突き抜けた対応力の必要性を力説している。

その後に彼が積み上げた実績は、新たなアプローチの正しさを物語る。

日本代表の指揮官は、ハリルホジッチ監督から西野監督を経て、森保監督へと変わってきたが、権田は経験の豊かさと対応力を評価されて、アジアカップのメンバーにも招集。イランとの準決勝などは、まさに圧巻のプレーを披露している。

ただし彼はインタビューの席上で、日本人GKの育成状況に関して警鐘を鳴らしつつ、こうも断言した。

世界と戦っていこうとするなら、できるだけ早くヨーロッパに挑戦すべきだと。

権田は自らの言葉通り、アジアカップ終了後にポルトガルへと旅立っていった。日本サッカー界きっての理論派GKは、遠く離れた異国の地で何を感じ、何を体得してくるのか。

3度目のロングインタビューと、さらに成長した姿を見るのが楽しみだ。

SHUICHI GONDA

1989年3月3日、東京都出身。FC東京U-15、U-18 を経てトップチームに昇格。FC東京の主力として出場を続けるも、2015年シーズン中にオーバートレーニング症候群を発症し、戦列を離脱。その後、2016年1月にSVホルン（オーストリア）へ移籍。海外でのプレー経験を経て、2017年シーズンにサガン鳥栖に加入。2019年1月にはポルティモネンセSC（ポルトガル）へ完全移籍を果たした。日本代表では通算11試合に出場（2019年2月末現在）。2019年のアジアカップではレギュラーとして日本代表の準優勝に貢献した。

6 DANIEL SCHMIDT

「ビルドアッパーとして
もっと使われたい」

日本人GKの技術を活かすために

シュミット・ダニエル

197cmの長身に、抜群の身体能力。ベガルタ仙台の守備を支えるシュミット・ダニエルは、10代の頃から将来を嘱望された存在だった。大学を卒業してからJリーグにデビューしたために結果的には遅咲きの花となったが、いざピッチに立つとすぐさま実力を発揮。所属したいずれのチームにおいても、ゴール前の絶対的な存在となった。さらには日本代表にも招集。アジアカップでは、世界とも互角に渡り合ってみせた。サッカー人として着実にステップアップしながら、自らの人生にも真摯に向き合う。日本代表の将来を担う逸材は何を目指し、何のために戦い続けるのか。

（取材日：2018年10月28日）

ボランチ出身のGK

――シュミット・ダニエル選手は、小学校2年生からサッカーを始められたとお聞きしました。何がきっかけになったのでしょうか？

「あまりよく覚えていないのですが、たしかテレビでサッカーの試合を見て『格好いいな』と思って、『自分もやってみたい』と言い始めたはずです」

――お父さまがサッカー好きで、息子さんに勧められたわけではは？

「まったくなかったですね。父はアメリカ人なので、むしろバスケットボールか野球派でした。だから小さい頃、自分がサッカーを始める前も、父とは一緒にキャッチボールをするとか、公園に行ってバスケをしたりとか。ずっとそういう感じで遊んでいました」

――最初は仙台市内のクラブに入りましたね。

「八幡《はちまん》という場所の少年団に入ったんですが、そこはすごく弱くて、自分がどのポジションをやっていたかもあまり覚えていないんです。

でも小学校4年の夏に転校した後も、その少年団には通っていました。5年生になってから引っ越し先のチームに変わるんですけど、そこは結構強くて、県大会で優勝するようなチームだった。選抜テストも一応あるんですけど、テストにも通って、それからボランチをやり始めました」

――ご自身で、ボランチを選んだのですか？

「そうではなかったです。僕はある程度身体が大きかったので、おそらく、センターバックの前に一人ボールを預ける人間を置いておこう、みたいなことをクラブ側が考えたんじゃないですかね」

――今まで経験したことがないボランチを任されたということで、日本や海外の試合をテレビでチェックしながら、参考にしようと思ったというようなことは？

「海外の選手は一切意識しなかったですね。『ウイニングイレブン』をしていたくらいで、映像も一切観ませんでした。だからボールが自分のところに来たら、とりあえずパスを散らしておけばいいみたいな（笑）。僕は長距離を走るのが嫌いだったので、積極的に絡みに行くよりは、ボールが来たら長いボールを蹴るというような感じでしたね」

――でも、Jリーグや日本代表の試合はチェックしていた。

「テレビではもちろん観ていました。代表の試合にはあまり行くことはなかったですけど、ベガルタ仙台の試合はよく観に行っていましたし、普通にゴール裏で騒いでいましたね」

――その頃、将来サッカー選手になりたいというような願望は？

「現実的には思っていなかったです。一応、卒業文集などでは書いていたんですけど、本当に漠然とした感じでした」

――でも小学校の頃に県大会などでいい成績を収めたりすると、自分は意外にプロでやれるかもしれないと思ったりしがちになります。

「そのときは思いましたね。小学校のときは結構、自信がありましたから」

――ところがシュミット選手の場合は、東北学院中に進学された後、体育の授業で先生から誘われて、一時期、バレーボール部にも所属する形になった。やはり身長の高さを買われたのでしょうか？

「どうしてバレー部に行ったのかなあ……。当時のバレー部は選手があまり足りていなくて、たしか僕が入ってやっと試合に出られるみたいな感じだったんです。だから声をかけてもらったんでしょうね。でも、いい選手は揃っていたので普通に強かったし、バレーそのものも面白かったと言えば面白かったですね」

――東北学院中や学院高は、スポーツが強い印象があります。シュミット選手もバレー部を手伝った後、サッカー部に戻ったわけですが、やはりチームは強かったのでしょうか？

「僕らの3つ上の代、入れ替わりで卒業していったチームは全国大会に出ているんですよね。僕もそれを観て、強いチームだということで入学したんです。

でも、それ以降は県大会でベスト4や8止まりで、僕たちの代は県でベスト8でしたね。自分は試合に全然出なかったんですけど」

――そのときも基本的にはボランチをやっていたのですか？

「はい」

――では、GKを兼任されるようになったのは、バレー部からサッカー部に戻ってから？

「そうですね。少しだけかじるようになったというか。基本的にはボランチをやりながら、GKもやるようになった感じですね」

――GKをやり始めたときは、どんな印象を持ちましたか？

「僕はとにかく走るのが嫌だったから、ボランチよりは楽だろうなという感じでしたね(笑)。でも真面目な話、最初はボールが飛んでくるのが怖かったです。しかも地面に倒れれば痛いし、ボールも手に当たれば痛くなる。

たしかにそういう痛さや怖さはすぐに消えて、GKも楽しくなってきたんですが、基本的にはボランチのほうが面白いと思っていましたね」

――ボランチのほうが面白いと思った理由は？

「やはり、点を取れるというのが大きかったですね。それにサッカーをやっているという感覚は、ボランチのほうが強かったですし」

――それでも徐々に、ＧＫも楽しいなと思うようになったと。これは具体的に、どんなところに面白さを感じたからでしょうか？

「その部分は、パッとは思い出せないですね。ただ、同じ代のＧＫと練習するのが、すごく面白かったのを覚えています。

その選手は宮城県のトレセンにも選ばれているようなレベルで、試合にずっと出ていたので、彼から学んだものは大きかったと思います。それに学院中は学生のＧＫコーチもついていたので、中学生ながらもきちんとした練習はできていたのかなと。とはいえ中学生ですから、本格的な練習はそれほどやっていなかったですね」

東北学院高校から中央大学への道

――GKに専任されるようになったのは、学院高に進学してからですか？

「はい。自分の中では大体、意思は決まっていたんですが、高校の先生に『背も大きくなってきたんだから、GK一本でやったらどうだ』というようなことを言われて。

そもそも東北学院は中高一貫制だったので、中3で部活を引退しても、そのまま高校の練習に混ざっていくみたいな感じだったんですね。そこで改めて背中を押してもらって、完全にシフトチェンジした感じです」

――自分の中で意思が決まっていたというのは、GKをやることになるんだろうなという予感があったからですか？

「というよりも、ボランチとしては限界を感じていたんです。やはり走るのが得意ではありませんでしたから」

――GKをさらにきちんと学ぶようになって、特に驚いたこととか、新たに発見したことはありました？

「あまりなかったですかね。それまで自分を教えてくれていた学生コーチの方が、1年生の終わりの時期に引退したんですが、新しいコーチも前のコーチの指導を受けていた人なので、やることは一緒みたいな感じでしたから。特に大きな違いはなかったですね」

——では、これは身に付けていくのが難しかったなと、覚えている内容はありますか？

「やはり動き方ですね。GKコーチたちは、細かなステップワークをすごく意識していて、毎日の練習でも、そこは苦労したし、難しかったのを覚えています。

でも今にして思えば、すごく助かったというか、あの練習をやっていて本当に良かったなと思います」

——シュミット選手はもともとサイズも大きかったわけですし、その上でステップワークも学ばれると、カバーできる範囲は相当広くなってくる。高校時代でも、すでにかなりのレベルに到達されていたのでは？

「いえ、高2までは同じ代の別の選手がずっと試合に出ていました。彼はすごくパントキックがうまかったので、いつもボールを蹴り合いながら一緒に練習していたんです。たぶんパントキックに関しては、当時のほうがうまかったんじゃないですかね（笑）。

でも、その選手が高2のときに脛の骨を折って離脱してしまったので、自分が出場するようになりました。そこからは結構、自信も深まっていきましたね。東北地区のGKキャンプにも行かせてもらったし、試合でも自信がついていくようなプレーができて。もともとGKはメンタルに影響される部分が大きいので、自信があればあるほどいいプレーもできるようになるんです。当時の自分に実力があったかどうかはわからないですけど、高校3年生のときは自信を持ってプレーできていたし、そこは自分にとって良かったのかなと思いますね」

――高校の終わり頃というと、プロの道に進むというシナリオも真剣に考え始めた時期になります。

「正直、すぐにプロに行くという道は考えていませんでした。もともと（東北学院高）はかなりの進学校で、周りの友達も『大学には絶対に行く』というような雰囲気だったんです。僕自身、仮にプロに行ったとしても、その後のセカンドキャリアをどうすべきかなどをずっと考えていたので、大学にはやはり行きたいと思っていたんですね。

で、高3が始まる前の3月くらいに東京遠征があって、中央大で練習試合をしたんですが、その当時、中央大学の監督だった佐藤健さんは学院校の出身ということで、『うちに来るか』と誘ってくれたんです。

それで中央大学に進むことが決まって、夏からは大学の練習にも参加させてもらえるようになって。プロを意識したのはそこからですね」

――最近は、高校からプロの道に進まず、大学サッカーで経験を積んでからプロで活躍される選手も増えてきています。セカンドキャリアの問題とは別に、純粋にサッカーのスキルを磨く上でも、大学に行ったほうがいいという判断もあったのでしょうか？

「いいえ、そういう考えはなかったですね。もちろん今から考えれば、大学で得たものもたくさんありました。人間関係の付き合い方はすごく学びましたし、中央大学のサッカー部の皆さんにも本当に感謝しています。ただ、プロのサッカー選手としてやっていくことだけを考えれば、少し遠回りだったのかなとも思っています」

――実際、大学時代にはすでに川崎フロンターレの強化指定選手にもなっていますしね。

「強化指定に選ばれるというのは、ある意味、プロのチームに入れてもらったようなものじゃないですか。だから今思えば、もっともっとそのチャンスを活用するべきでした。

1年生のときは、フロンターレの練習によく行っていたんですけど、逆に大学の2、3年は、大学の試合に出られない状況になってしまって。

それがすごく嫌だったので、もっと大学の練習に100パーセント打ち込んで、自分をアピールしたほうがいいんじゃないかと思い、あまりフロンターレの練習に行かなくなったんです。それは、少しもったいなかったですね」

――そもそもフロンターレ側の練習に参加するようになったのは、中央大学の佐藤監督がプレーする時間を与えるために、コンタクトを取ったという感じなんでしょうか？

「大学にはGKコーチがいなかったので、プロの指導を受けたほうがいいということで、佐藤監督が話をつけてくれたんだと思います。

そういう意味では本当にラッキーでしたね。中央大学に進学できたのもそうだし、フロンターレの練習に参加できたのも、いろんな方のつながりを通して、道をつけてもらってきたので」

――中央大学時代、初めて体験したプロの練習はいかがでした？

「まったく違いましたね」

――具体的にはどのあたりが違いました？

「スピードも全然違うし、キャッチングやいろいろな技術に関しても、求められることがとても細かかった。きめ細かく指導をしてもらえるという意味でも、それまでの環境とは全然違いましたね」

熊本で形作られた基盤と仙台での新たな挑戦

――中央大学を卒業された後は、まずベガルタ仙台と仮契約をして、ロアッソ熊本に加入されます。それだけポテンシャルを評価されていたのだと思いますが、プロ入りの決め手になったのはどんな要因だったのでしょう？

「僕は昔から『ポテンシャルがある』とずっと言われていました。自分でもそう思っていたし、それを信じてやっていたんですが、実力を認められたいという思いもあって、プロの道に進んだという感じですね」

――最初に加入されたロアッソ熊本、その後に移籍された松本山雅では、いきなりチームの守護神として活躍されています。ある意味、ポテンシャルではなくて、実力を発揮され始めたわけですが、そういう状況は自信につながったのではないですか？

「熊本で過ごした半年（２０１５年）は、僕にとってすごく大きかった。ＧＫコーチの澤村（公康）さんに見ていただいたのですが、澤村さんに教わったことは本当に自分の力になりました」

――具体的に学ばれたこととは？

「ゴールキーピングの技術的なこともたくさん教えてもらいましたが、一番印象に残っているのは身体の動かし方ですね。澤村さんの練習は、より身体をスムーズに動かせるようにするというテイストがすごく強くて。いわゆる普通のＧＫ練習というよりも、体育をやっているような感じなんです。

それと選手のメンタルをうまく整えていくのがとても上手でした。すごく自分を奮い立たせてくれましたし、２０１５年の半年間はかなり充実していましたね」

――振り返ってみると、熊本時代に学んだものが大きかったと。

「ええ。今の自分にとっての基盤になっていると思います」

――プロになられてからのプレーで、覚えているものはありますか？

「セーブだけで言えば、自分が好きなのは、去年の日産スタジアムでマリノスと対戦したときに、齋藤学選手のヘディングを止めたプレーですね。

ただ、いろいろなシチュエーション込みで考えた場合は、今年のホームのガンバ戦、倉田秋選手のシュートを止めたプレーだと思います。チームを勝ちに導くようなセーブができるのは、やはり一番いいですね」

——逆に、「もう少しなんとかできたかもしれない」と感じたプレーは？

「それはあり過ぎるくらいありますね。最近で言えば、鳥栖戦で（フェルナンド・）トーレス選手にヘディングを決められた場面です。

まず、小野裕二選手からボールが上がった瞬間、トーレス選手の頭を越えると思ったんです。ボールそのものが高かったし、トーレス選手はもっと近くにいたので、反応する時間もそれほどなかったはずですから。だから僕は（ボールが頭を越えた後の）スペースを見ていたんですが、実際には的確にボールを頭に当ててきた。あのシーンは結構、悔やんでいます」

——それはやはり、Jリーグと海外とのレベルの違いなのでしょうか？

「日本でもあり得ると言えば、あり得るシチュエーションだと思います。他にも判断ミスをしたなと思う場面は、いろいろありますね」

——ご自身のプレースタイルについては、どうお考えですか？

私自身はシュミット選手のプレーを見たときに、ダビド・デ・ヘアを連想しました。ボックスの中で最後の最後まで粘り、反応の良さやリーチを最大限に活かしながら、普通の日本人GKなら届かないようなシュートをセーブする印象が強いものがあります。

「それは、ここ1、2年の僕のスタイルです。最後まで待って、動くのを我慢しながら止めるというのは、石野さん（石野智顕氏。ベガルタ仙台GKコーチ）の指導を受けて身に付いた部分です」

——石野コーチに指導を受けられるまでは、スタイルが違っていたと。

「もっと前に前に、というプレーが好きで、シューターとの距離をどれだけ縮められるかみたいなことを意識していました。澤村さんがそういうスタイルを教えてくれたんですが、熊本時代は、それが自分に合っているのかなという感覚もありました」

——今は逆にもっとクラシカルというか、オーセンティックなスタイルになった。

「そうですね。ゴールライン上で勝負するようなタイプに近くなったと思います」

——個人的に海外のGKを研究されたりもしますか？

「ええ。映像は毎日、本当にたくさん観ていますね」

——どんなGKが好きですか？

「（ヤン・）オブラク、（サミール・）ハンダノヴィッチ、（マルク＝アンドレ・）テア・シュテーゲンは観ますね。あとはデ・ヘアや、たまに（ケイラー・）ナバスも」

——試合をご覧になっていて、「これは自分が目指しているスタイルに近いな」と、シンパシーを覚えるGKはいますか？

「（シュートに対して構える際の）形とか面の作り方、身体へのボールの当て方は、テア・シュテーゲンが一番好きですが、ボールにアタックするという意味では、ハンダノヴィッチが一番好きですね」

——しっかりボックスの中でも勝負しつつ、アタックもしていく。

「そうですね。最後の最後はしっかりセービングもできるようにしつつ、ガンガン前に出ていけるというのが理想です。でも、まだスピードが足りていないので、そこは石野コーチと一緒に伸ばしていきたいと思います」

ハリルジャパンから森保ジャパンへ

——もともとシュミット選手に対しては、日本代表に招集すべきだという意見が以前から根強くありました。2016年、代表合宿に呼ばれたことでそれが実現し、一気にスポットライトを浴びたわけですが、そのときはどんな感想を持たれました？

「GK合宿が開催されることは、代理人などから聞いていたんです。当時はJ2にいたんですが、ここで呼ばれなければ、代表になれるチャンスはきわめて低くなると思っていたので、GK合宿はすごく意識していました。だから呼んでもらって本当に良かったというか、正直、ホッとしましたね」

――一種の焦りではないですが、代表でのキャリアも考えた場合に、ここは勝負どころになるだろうという認識があった。

「代表もそうですが、J2とJ1との違いもすごく感じていました」

――それは注目度云々もさることながら、プレーのクオリティに関してもですか？

「自分のプレゼンスという問題もあるんですが、そもそもJ1はスピードが全然違うので、いくらJ2で試合に出ていても、全然足元にも及ばないという印象は持っていました」

――GK合宿には、様々な選手が参加しました。しかも西川周作選手や東口順昭選手、林彰洋選手などは、それぞれスタイルやストロングポイントも違っている。実際に一緒に練習したことで、学んだものはありますか？

「目の当たりにはしましたけど、技術は自分のものにできて初めて学んだと言えるので、そこまではできなかったかなと思います」

――たとえばハリルホジッチさんに受けた指導で、印象に残ったものは？

「とにかく、ラダーステップをやれと言われました」

――ハリルホジッチ監督は、日本のＧＫには高さが足りないということを盛んに指摘していました。そのような経緯もあって、シュミット選手はさらに注目を集めわけですが、同時に総合的な戦術や試合勘に関しても、レベルアップの必要性を説いていました。戦術などに関しても、内容的に驚かれたことはありました？

「いえ、なかったです。ＧＫの技術だけにフォーカスした合宿だったので、トータルの戦術云々というところまでは踏み込みませんでしたから」

――ロシア大会を経て、日本代表は森保一監督が率いるようになりました。シュミット選手はその森保監督に重用されているわけですが、率直な感想を聞かせてください。

「森保監督はＧＫからのビルドアップを求める人で、自分もある程度は自信を持っている部分でもあって、練習をやっていても本当に楽しいですね。チームに自分の考えを植え付けるのもとてもうまくて。そういう意味でも、すごくいい監督だと思うし、これからもずっと呼んでくれたら嬉しいですね」

――森保監督はサンフレッチェ広島の監督時代から、ディフェンスラインにGKを絡めてうまくビルドアップしていく方法をとってきました。あのアプローチ自体も、すごく肌に合ったと？

「そうですね。GK経由でセンターバックを開かせて、ボランチのパスコースを空けて、そこに食いついてきた相手選手をかわしながら、自分が組み立てていく。こういう方法はベガルタとかなり似ているので、日本代表でも理解しやすいです」

――先ほど、テア・シュテーゲンの名前も出ましたが、やはりボールに触りながら、ビルドアップに絡んでいくスタイルのほうが好きなんですね。

「ええ、そういうプレーはやりたいですね。願望もありますし」

――その理由は？

「やはりGKは、戦術的にもメンタル的にもチームの中心であるべきだと思っていて。だから日本でも、GKがどれだけボールをつないでいけるかでチーム全体の戦術も変わるとか、それぐらい重要なポジションとして受け止められるようになって欲しいんです。

実際、ヨーロッパは、そういう状況に近くなっていると思いますし、個人的には、自分をもっと（ビルドアッパーとして）使って欲しいという感覚はずっとありますね」

――サッカー界では、守備からチームを作っていくということが言われますが、それとは別のレベルで、ＧＫがチーム作りの軸になっていったほうがいい。

「ＧＫから一本のパスが通って点が入れば、それが一番簡単ですよね。たとえばエデルソン（・モラレス）は長短のパスをうまく使い分けているし、マンチェスター・シティのサッカーそのものが、エデルソンがいることで成り立っている部分もある。正直、日本でも、ＧＫがそれくらいの存在感を持つようになって欲しいと思いますね」

――そういうスタイルのほうが、日本のサッカーにも合っていると？

「合っている、いないというよりも、今の日本はまだそうなっていない。

もともとＧＫは一人だけユニフォームの色が違うし、本当に特別なポジションになっている。だから目立ってなんぼの部分もあります。それを考えれば、ＧＫをやりたいという子どもがもっといていいし、もっと憧れられる存在になっていいと思うんです」

日本人ＧＫは「技術はある、絶対に」

――関連してお尋ねします。

　この企画はもともと、イビチャ・オシムが提唱した「日本サッカーの日本化」というテーゼからスタートしています。フィールドプレイヤーの場合は、サイズやフィジカルの差を、アジリティや組織性、スタミナで補っていくことができますが、GKには同じアプローチが当てはめにくい。「日本サッカーの日本化」、何を武器に世界と戦っていくかという問題については、どんなふうに思われますか？

「よく言われますけど、フィールドプレイヤーは、メキシコやチリのプレースタイルが参考になると思いますし、どれだけハードワークができるかというのがカギでしょうね」

――GKに関してはいかがでしょう。

「技術はあるんです、絶対に。日本の選手は指先の細かな技術もあるし、フォームもきちんと作れますから。

　逆に課題はパワーの差ですよね。パワーと相手にかけていく威圧感は圧倒的に足りないので、そこはもう少しレベルアップしていかなければいけないと思います」

――シュミット選手や林選手などは、サイズやパワーの面でも威圧感を出せると思うのですが、身長が180センチ前後になってくると、そこは難しくなるような気がします。

「そうかもしれません。そういう選手はスピードをつけて、いかに早く動き出せるかを追求していけば、同年代の選手も、さらにいいGKになれると思いますね」

――たとえば先ほどから出ているテーマ、GKがもっとビルドアップに絡んでいくスタイルも、日本人GKの日本化を考える上でヒントになるのでしょうか？

「正直な話、GKの日本化に対して、それが必要かどうかはわからないですね。むしろ日本では、GKはこういうスタイルを目指すべきだという、はっきりしたモデルがまだない段階だと思いますし。だからまずはヨーロッパのプレースタイルや、なんらかのモデルを目指してやらなければいけないと思うんです」

――GKに関しては、ヨーロッパが当面の参考になると。

「そうですね。でも実際には、ヨーロッパ組の中でもGKだけ移籍が少ないですし、まだ向こうから求められる存在になっていないですよね。言葉の問題はあるにせよ、もっと当たり前のようにヨーロッパでプレーするGKを輩出できるようにならないと、日本のGKの良さもイメージしにくいのかなという気がしますね」

――まずは自分たちの良さを把握するために、その前段階として、海外に出ていかなければならないというご指摘は、非常に説得力がありますね。

今回の一連のインタビューでも、多くの方が、日本にはヨーロッパ型の指導と南米型の指導、そして日本独自の部活で伝わってきたノウハウが混在していて、まだモデルを作っている途中だっておっしゃっていました。

「ドイツはおそらく、しっかりとしたモデルがあるんですよね。だから選手のプレースタイルが似ていますし、そういう状況にしていくのがどの国でも最終目標だと思います」

――たとえばドイツ以外の国で、参考になるかもしれないと思われる国はありますか？

「選手で言えば、ケパ（・アリサバラガ）は参考になると思います。

そもそもスペインのGKは、ずば抜けて大きいわけではないのに、世界に通用する選手がどんどん出てきている。だからスペインがどういう形でGKを育成しているのかを、勉強しても面白いかもしれないですね」

――モデルの確立という点に関してですが、日本の場合は、基本的なGK戦術自体があまり認知されていないということもよく指摘されます。

ベーシックな例としてよく挙がるのは、フリーキックの場合のポジショニング。とりあえず壁の後ろは仕方ないと割り切って、壁がないスペースの部分を意識すべきなのに、どっちつかずになって止めるべきシュートを入れられてしまうようなケースもある。この点については、どのように思われますか？

「たしかにそうかもしれません。正直、そのあたりの判断は選手個々のさじ加減になっていますから」

サッカーに愛された人生

――GKをやってきて良かったと思われますか？

「思います。具体的な理由はわからない部分もあるんですが、少なくとも走らなくてよくなりましたから（笑）」

――もう一度、中学校からやり直せる、あるいはプロになることを前提に好きなポジションを選んでいいと言われたら、GKを選びますか、それともボランチに戻りますか？

「GKですね。今はGKの面白さもわかるようになったので」

――どのあたりが面白いですか？

「良くも悪くも試合を動かせる部分ですね。そのハラハラ感というか、リスクを背負いながら戦う感覚は怖さも感じる半面、すごく面白いですね」

――もともとスリリングな展開が好きだったり、ひりひりするような大勝負に出て、それに勝った場合に満足感を覚えるようなタイプですか？

「どうなんでしょうね。ただ、これはＧＫだけしか味わえないような、独特の感覚だと思います。もちろん責任もあるわけですから」

――片や責任感がずしりとのしかかっていて、一方では醍醐味を感じる。気持ちのコントロールが難しいですね。

「たしかに難しいです。だから、試合でミスをしたときはつらいです。

でも良いプレーができた試合の後の１週間は、すごく気分が良くて。だから最近は、プレーが良かったときには、いい意味でちゃんと調子に乗るみたいな考え方をしています」

――東口選手は、自分はすぐに調子に乗ってしまうタイプなので、あえて絶対に調子に乗らないようにしているとおっしゃっていました。

「一喜一憂しないというのはわかりますが、僕は（プレーが）悪いと、かなり気持ちが沈んでしまうタイプなので。それなら調子に乗れるうちに乗っておこうと（笑）」

――それも、ある意味でのセルフコントロールですね。

「そうですね。人それぞれに、独自のメンタルコントロールの方法があると思います」

――メンタルで言えば、林選手などはゴールキーピングの醍醐味は、マインドゲームだとおっしゃっていました。駆け引きを仕掛けて相手に勝ったときの快感は、何者にも勝ると。

「僕の場合、マインドゲームを仕掛けるという感じには、まだなっていないですね。（試合を）マインドゲームとして捉えられるのは、自分主導でゲームを進められているということですけど、自分はまだ受け身で試合に対応している段階だと思いますから」

——修行の身と言うと変ですが、まだ自分を磨いている過程だと。

「本当にまだまだです。試合経験も全然乏しいので」

——では、サッカーという競技そのものの魅力は、どのあたりにあると思われますか？

「世界で一番競技人口が多いスポーツですし、そういう競技をプレーできているというのは、僕は単純に面白いと思いますね。しかも世界中に比較対象がたくさんあって、いろいろな戦術が日々生まれているところも魅力的ですよね」

——現在、ベガルタの一員として戦っていても、ある種、常に世界と戦っているというか、世界の流れの中に身を置いている感覚がある。

「そうですね。プレーしながら、そういう変化を実感できるのは、サッカーのすばらしいところだと思います」

——世代的にも実力的にも、シュミット選手には次のＷ杯カタール大会で、代表の正ＧＫ

になって欲しいという期待が高まっています。ご自身にとっても、そこが長期的な目標になるでしょうか？

「サッカー選手としてプレーさせてもらっている以上、やはりワールドカップには出たいですね。まずは一人のGKとして日本代表のメンバーに呼ばれて、その上で一番手としてピッチに立てればいいなと思います。

ワールドカップでプレーできれば、一人の選手として箔《はく》もつくし、セカンドキャリアにもすごくプラスになると思いますから」

――ワールドカップに出場するレベルにまでなれば、サッカー界がシュミット選手のことを離してくれないかもしれませんよ。

「僕自身は、しっかり生活ができればそれで構いませんし、人生はサッカーだけではないはずだとも漠然と思っていて。

特に何かを専門的に勉強しているわけではありませんが、(現役を引退したら)、まったく別の業界に行きたいという気持ちもすごくあるんです。もちろん、自分はサッカーを頼りにして生きていくのかなとも思いますけど……。そこはまだわからないですね」

――「サッカーに頼る」というのではなく、自分はこれだけサッカーに愛されているし、

ワールドカップ出場も狙えるまでになった。そんなふうに考えれば、もっとポジティブなイメージになるんじゃないですか？（笑）

「たしかに。そうなったら、そう思うようにしますね（笑）」

＊

「なんと穏やかで、佇まいの静かな若者なのだろう」

それがシュミット・ダニエルの第一印象だった。彼が漂わせる空気感は、今風の若者ともまるで違っていたし、語弊を恐れず言うならサッカー選手らしくさえなかった。

そもそもGKは、サッカー選手の中でも非常に語彙が豊富で、丁寧に受け答えをしてくれる人々が多い。これは「ピッチ上の哲学者」と評される、内省的なポジションにも由来するのだろうが、シュミットはことさらしっかりと言葉を選びつつ、自分の心の丈を包み隠さず語ってくれたように思う。インタビューをお読みいただいた方も、その素直な語り口や、会話の端々からにじみ出る自然体の姿勢、セカンドキャリアまで考えている、真摯な人生との向き合い方に驚かれたのではないか。

彼はサッカー選手としてのバックグラウンドも特徴的だ。フィールドプレイヤー出身というキャリアはさほど珍しくはないが、日本の部活と大学サッカー、そしてJリーグのクラブによる指導を受けてここまで上り詰めたという点では、楢崎と同じ純国産型のGKだと言える。

またサイズに恵まれ、早くから将来を嘱望されていたにもかかわらず、なかなかスポットライトを浴びなかったことも目を引く。2017年、ベガルタ仙台でようやくJ1デビューを飾ると、翌年11月のベネズエラ戦では、一気に日本代表のゴールまで任されるようになった典型的な遅咲きの花である。

その転機をもたらしたのが、ヴァヒド・ハリルホジッチ監督だった。ハリルホジッチ監督は、GKには190センチ以上の高さが不可欠だと明言し、新たな基準に沿った強化合宿を開催する。そこで選ばれた目玉選手の一人こそ、シュミットだった。

シュミットは今や、日本サッカー界の未来を担う大型GKとして、熱い注目を集めるまでになった。2019年1月に開催されたアジアカップでは、グループステージの第3戦で先発出場を果たして3-0の勝利に貢献。ウズベキスタンを率いていたエクトル・クーペルさえも唸らせた。

だが世界レベルの高さやリーチ、リアクションの速さだけが魅力ではない。

もちろん彼は、ボックス内でも十分に勝負できる。事実、ロアッソ熊本や松本山雅では加入直後から結果を出し、堅守速攻を狙うチームにとってなくてはならない存在になった。現在は、ベガルタ仙台においても守護神として活躍。粘り強く、果敢に戦い続けるチームメイトたちを、ピッチの最後方でしっかりと支え続けている。

ところが本人は、ビルドアップに積極的に関わっていく、モダンなゴールキーピングへの思い入れがきわめて強い。この意外な組み合わせは、多くの可能性を示唆する。高さでも世界に十分対抗できる選手が、足元の技術を活かしながらゲームメイクに関わっていくような状況は、かつての日本サッカー界や日本代表では見られなかったものだからだ。

シュミット・ダニエルは、日本人ＧＫの可能性をいかに広げ、日本代表のサッカーをどこまで変革していくのか。サッカーに愛された若者は、我々に大きな夢を抱かせる。

S C H M I D T　D A N I E L

1992年2月3日生まれ、アメリカ合衆国イリノイ州出身。東北学院中学校では一時、バレーボール部に所属。東北学院高校入学後にGKへ転向。中央大学進学後は、川崎フロンターレに特別指定選手として登録されていた。2014 年にベガルタ仙台へ入団。日本代表では通算3試合に出場（2019年3月末現在）。

7

EIICHIRO YAMADA 1

「日本人GKの育成は絶対にいい方向に進んでいる」

日本独自のGK像を求めて

山田栄一郎

本稿は2014年当時、水戸ホーリーホックのアカデミーGKコーチを務めていた山田栄一郎氏に行ったインタビューである。氏は25歳でプロ選手を引退した後、映像を駆使した分析と豊富な経験に裏付けられた理論を武器に、若手選手の指導で高い評価を確立していた。本取材では「世界で戦うための最先端のGK理論と新常識」をテーマに詳細な解説を展開。世界のサッカー界で活躍することになるGK、ゴールセービングが進化していく方向性はもとより、日本では認知されていないGK戦術や、日本人GKの育成にまつわる誤謬まで解き明かしている。

（取材日：2014年6月6日）

日本のＧＫの課題は
クロスとシュートストップの能力

――山田さんは現在、水戸ホーリーホックのアカデミーでＧＫコーチを務められています。まずは今日に至る過程、指導者の道を歩まれるようになったきっかけから教えてください。

「もともと僕は、横浜Ｆ・マリノスでＧＫをやっていました。でも25歳で契約が終了したときに、一旦サッカーと距離を置こうと思い、会社員になったんです。

講談社のグループ会社で、自動車関連のＤＶＤを制作していたのですが、そのような生活が5、6年続いた頃、マリノス時代の先輩である鈴木正治さんから、神奈川のシュートジュニアという中学生のチームを、ＧＫコーチとして指導してくれないかと誘われたのがきっかけでしたね」

――山田さんは映像を有効に活用した、独自の指導をされていることで高名ですし、実際に目覚ましい成果もあげています。先ほど私も映像を拝見させていただきましたが、指示の的確さと解説のわかりやすさには驚きました。あのような映像は、コーチになられた当初から使用していたのですか？

「いや、最初の頃はそれほどではありませんでした。映像を頻繁に使うようになったのは、知り合いに頼まれて小学生を指導した際に、失敗した原因を映像で解説してあげると、すごく効果があると気付いてからですね」

――現場に戻られたときの感想は？

「いざ教える段階になってみると、現役時代にやっていた練習の内容をまったく覚えていなかった。自分でセービングをやって見せることはできても、言葉で伝えるというのがいかに難しいかも思い知らされましたね。

と同時にＧＫの理論を再構築するために、片っ端から専門書を読み直したり、同じくマリノスの先輩である松永成立さんに話をうかがったりもしました。そうやって指導方法を模索していく過程で、サッカーそのものの面白さを再発見し、育成の面白さも知ったという感じですね。ユースの選手たちは、ノウハウの吸収の仕方がすごいんです」

――ご自身が現役のときは、体系的に理論を学ぶ環境はなかったのでしょうか？

「なかったですね。僕が現役の頃は日本にＧＫコーチがほとんどいなくて、元日本代表でＧＫプロジェクトのリーダーになられた加藤好男さんが、現役の傍らコーチを始められたのが第一号でした。第二号が現在のプロジェクトリーダーで、マリノスのGKコーチになられた川俣則幸さん。そして台湾の女子代表の監督になられた柳楽雅幸さんが、指導方法を研究され始めたような段階でした」

——手探りに近い状況ですね。

「筑波大学の学生時代には、自分たちで独自に研究するようなこともやりました。大学の先輩で、今、サンフレッチェで育成のGKコーチをしている方がケルン体育大学に行き、指導書を持ち帰ってきてくれたんです。

その中には、ローリングダウン（ステップを使って移動してもボールの正面に入れないときに、地面に倒れてキャッチするテクニック）を解説した部分などもありました。爪先をどこに向けるか、あるいは膝をどう使うかといったような基礎的なものでしたが、それでも役に立ちましたね。

当時、僕たちは長ズボンを履き、膝や肘にサポーターを巻いていました。土のグラウンドだったことも関係していますが、落ち方が下手で身体を強く打ってしまうからです。でも正しい落ち方をすれば、サポーターは不要になる。資料を手に入れた後は、毎朝7時に公園に集まり、雑草が生えている場所でうまく倒れるための練習をしたのを覚えています」

——長ズボンで膝にサポーターをつけたGKは、たしかに見かけなくなりました。しかし世界の基準に照らし合わせると、日本はまだまだ発展途上だと言われるのも事実です。山田さんから見て、どのような問題が目につきますか？

「言い始めるときりがありませんが、クロスとシュートストップの能力だと思います。まずクロスは守備範囲が狭い。ボールの速さのレベルによってくるので、一概には言えませんが、ふんわり浮いたボールならPKアークまで、ライナーでもゴールエリアとペナルティエリアの中間あたりまでは絶対カバーしなければならない。

しかし現実的にはそこまでカバーできていませんし、ポジショニングも良くありません。むろんこれもケースバイケースですが、基本的なパターン、タッチライン近くからボールが上がるときは、GKはゴールの中央に立たなければいけない。なのに実際には、ニアポスト側に立ってしまう選手が多い。そうするとファーに蹴られた際に、移動距離が増えてボールに間に合わなくなってしまう」

——ニアに動いてしまうのは癖ですか？

「怖いんです。ニアに合わせられて失点する場面が多いので、心理的にニアにいきたくなる。でも頭のいいキッカーだと、GKの癖を見抜いてファーに蹴ってきます。遠藤保仁選手は、そこまで見て蹴ったりしていますね」

――シュートストップについては？

「シュートストップというのは、ローリングダウンを使ってもボールを取れないときに、身体を投げ出してゴールを守る動きを示すんですが、ボールに向かって身体をきちんと伸ばして投げ出す技術と、スピードが足りないですね。キャッチングを狙うか、弾くかという判断も適切ではないケースが目立ちます」

――ボールをキャッチできる状況でも、弾いてしまうGKもいます。

「静止して立った状態でのキャッチングはうまくとも、身体を投げ出しながらセービングする動きになると、問題が出てくる選手は少なくありません。シュートストップの状況になっても、できるだけキャッチするという意識を植え付けるための練習が、普段から行われていないためでしょう。

でも僕はつかめるボールは、まずきちんとつかむことを目標にしろと伝えています。つかむべきボールをつかめなかったら、技術的な練習をするべきだし、逆に絶対につかめない状況なのにつかみに行くようなケースが目立ったら、判断を正確にするための練習をします」

海外のトップクラスのGKとはキックの精度があきらかに違う

——日本代表の国際試合では、シュートへの対応そのものが遅れるケースも見られます。2012年の10月に行われたブラジルとの親善試合、パウリーニョに先制点を決められたシーンなどは象徴的でした。

「あれは『構え遅れ』ですね。日本のスタンダードからすれば、ペナルティエリアのかなり外から、いきなりトゥーキックで蹴ってくるようなイメージはない。でもそういうケースもあるということを頭に入れておかないと、咄嗟の反応はできません」

——試合のインテンシティや、テンポの違いによる部分も大きいのではないでしょうか。

「そう思います。ヨーロッパと日本を比べた場合、日本のGKのほうが細かな技術をすごく追求しているんですけど、ヨーロッパのGKには、多少基本がめちゃくちゃでも、ゴールを割らせないすごさがある。

同じことはフィールドプレイヤーにも当てはまります。プレッシャーがかかっていない状況ならば、トラップやドリブルはきちんとできますが、試合になると問題が出てくる」

――個人的には、フィードの能力にも違いが目立つ印象を受けます。

「サイドキックにしてもインステップにしても、海外のトップクラスのGKとはキックの精度があきらかに違いますね。これは正しい場所に足を踏み込み、正しい箇所に足を当てられるかどうかに関わってきます。

クラブW杯でチェルシーが来日したときに、ペトル・ツェフ（チェルシー）がサイドキックの練習をしていたんですが、なんということのない対面のパス練習を見ただけでも、ボールの質、速さ、正確さには驚くべきものがありました」

――様々な問題の原因は、どこにあるのでしょうか？

「理由はいくつか挙げられます。まずユースに関しては、コーチの数が足りないので、正しい指導が末端に浸透していない。GKは一種の専門職ですし、技術的に細かな要素が多いのですが、それを教えられるコーチの数はまだまだ少ないんです。

かと思えば、指導者がきちんといる場合でも、基本を通り越して先にいきたがるようなケースも見受けられます。たとえばポゼッションを重視するということで、最近ではセンターバックをワイドに開かせて、ビルドアップのためのパスを受けさせようとするチームなども出てきている。でもGKからのキックが正確ではないので、逆にプレッシャーをかけられてしまったりするんです」

――コンセプト倒れで、支える技術がない。

「キックの仕方は小学校のときにきちんと習うわけですが、ユースや上の世代になってくると、わかっていて当然だろうということで、ややもすればおざなりになってしまう。もうひとつは、十分な練習量が確保できていないと思うんですよ。もちろんGKは全体練習が終わった後に、個別練習をしています。

でも基礎技術だけでなく、状況判断能力を磨いていくことも必要なので、とにかく時間が足りなくなる。幸い、私の場合はクラブ側からたっぷり時間を与えてもらっていますが、ほとんどのGKコーチは、練習時間の捻出に頭を悩ませていると思います」

――チームとの摺り合わせも必要ですしね。

「そうですね。基本的な考え方として、僕は試合で実際に起きる可能性が一番高いプレーから、完璧にすべきだと思っているんです。

GKと言うとシュートストップの練習に主眼を置きたくなりますが、試合中にきれいにキャッチできるような場面はきわめて少ない。むしろクロスを処理したり、ディフェンスラインの裏に出たボールをクリアをする『ブレイク・アウェイ』と呼ばれるパターンのほうが圧倒的に多くて8割を占めている。

先ほど言ったように、プロにとっても基礎技術を磨いていくのは重要です。でも実戦で正しく判断できるようにするためには、『リアリティー』の追求も不可欠になる。本当の試合になると、FWはあらかじめわかるような形では、ボールを蹴ってくれませんから」

シュートストップの際にあまり前に出ないのが最近のトレンド

――最終的に重要なのは、テクニックよりもスキル、ゲームの流れを先読みし、判断する能力だという印象を受けます。

「DFの裏のスペースに出るか出ないかという点に関して言えば、正解はひとつしかありません。FWに自由はあるがDFに自由はないと言われる通り、ボールの位置と状況によって、GKが取るべきポジションは自動的に決まってくるんです。

まず基本的な考え方としては、ピッチを縦に三分割して考える。ボールが敵陣にあるときにはペナルティエリアの先端、センターライン付近にあるときにはPKマーク、そして自陣にボールがあるときにはゴールエリアの先端に立つ。そもそもこれら3つの地点は、ゴールラインからきちんと5・5メートル刻みで設定されているんです。

その上でシュートストップの場面とそれ以外の場面で、さらに細かくポジションを変えていく。シュートを打たれる危険性があるときには、ゴールポストとゴールエリアの先端を結んだ半円から出ないようにします。

ただしこれも原則でしかない。相手のFWが味方と競り合いながら、トップスピードでゴールに向かっているときには、ライナーのボールしか飛んできません。逆にプレッシャーがあまりかかっていない場合には、ロビング気味のボールを蹴ってくる可能性もある。GKはこれらの可能性をすべて頭に入れた上で、判断しなければなりません」

――以前、私がヨーロッパで取材したGKコーチは、ペナルティエリアをグリッド状に分割し、ポジショニングを規定することが可能だとも言っていました。

「日本ではそこまでやりませんが、ボールの位置とゴールの中心を結ぶ線上を意識するのが原則なので、ゲームのシチュエーションを加味すれば、グリッドに収めることは可能だと思います。いずれにしても重要なのは状況判断ですが、正しい判断を下せるか否かは、やはり指導者に負う部分が大きいんです。

たとえばフリーキックの場合には、ボールの中心とニアポストを結んだ線上から一人選手を出す形で壁を作り、ＧＫはボールを目視するために少しニア側を開けて立ちます。強いシュートが飛んでくる可能性が高いのは、壁のないところですからね。でも実際には壁の裏側を気にして反応が遅れ、弾丸シュートを入れられてしまうケースが多い」

——不安を感じるんでしょうね。

「プロでも、このようなミスをしてしまうＧＫはたくさんいます。原理的には壁のないスペースのケアが最優先であって、壁の裏にいいボールを蹴られて失点したら、そこは割り切って諦めるしかない。

ところが指導者の中には、壁の裏側にフリーキックを入れられた場合に、ＧＫをすごく叱ってしまう人間もいる。これをやるとＧＫは、間違った動き方をしてしまうんですよ。ヨーロッパのトップクラブの監督は、ＧＫの理論と心理がわかっているから、正しいディレクションができる。でも日本の監督で、これを説明できる監督はまだ少ないのが現状です」

——たしかにそうですね。ではＧＫの方法論にトレンドはあるのでしょうか？

「あると思います。最近の試合を見ていると、シュートストップの際に、あまり前に出ないという発想が出てきていますね」

――理由はどのあたりにあると？

「ボールの性能が良くなってきていて、遠い位置からでもすごいシュートが飛んでくるので、後ろに下がったほうが対応できるケースが増えてきているんです。もちろん背の小さいGKが後ろに下がると横のスペースが空き過ぎますが、長身のGKが後ろめに立つと、結構カバーできてしまいますから」

――GKの跳躍力や、反応スピードの向上も関係しているのでしょうか？

「もちろん関係しています。ただし後ろに下がるのは、反応時間を少しでも多く確保したいという気持ちがある。ボールが飛ぶスピードが本当に上がってきているので、シュートの軌道を判断するための時間を、たとえコンマ数秒でも稼ぎたいという発想です」

――究極の選択ですね。GKが後ろに下がれば、その分だけ相手FWも、コンマ何秒分か判断する時間が増えるわけですから。

「まさに究極の選択です。相手にもよりますが、ポジションを前めに取るか後ろに取るかは、本当にGKのカラーがはっきり出る。全盛期の川口能活選手のように、反応の速さに自信のあるＧＫならば高い位置を取る形になるし、ゴールエリア内でのセービングに自信があるＧＫは後ろめのポジションを取る。ただし基本的には、ボールの状況を見てフレキシブルにポジションを変えられるＧＫが、一番すばらしいということになります」

ＧＫで群を抜くノイアーの実力。注目株はクルトワとペリン

――今はどんなＧＫに注目していますか？

「マヌエル・ノイアー、イケル・カシージャスとディエゴ・ロペス、ビクトル・バルデス、ペトル・ツェフ、ダビド・デ・ヘア、ジャン・ルイジ・ブッフォン……。ＧＫはセンターフォワードと同様に、試合結果を左右するポジションなので、チャンピオンズリーグ（以下、ＣＬ）で優勝を狙うようなビッグクラブは、どこも超一流の選手を揃えています。

ただし、このレベルの選手は語り尽くされているので、僕はむしろ20代前半で、今後さらに伸びてくるであろうＧＫに注目しています。具体的には、ベルギー代表でアトレティコ・マドリーに所属しているティボ・クルトワと、イタリア代表のマッティア・ペリンの

2人ですね」

――クルトワの魅力は？

「彼は199センチぐらいあるんですが、速くて動けるだけでなく、若いのにポジショニングが見事で、シュートごとにきちんと立ち位置を使い分けている。至近距離からのヘディングシュートに対する反応は、特に目を見張るものがありますね。僕はGKの能力を見きわめるために一番有効なのは、ヘディングシュートに対する反応だと思っていて。この点、クルトワの判断力やセービング能力はすごいんです」

――ペリンはどの辺に魅力を？

「彼は188センチぐらいで、とにかくアグレッシブでチャレンジング、見ていてワクワクするプレーをしてくれます。シュートストップのときの動き出しや、身体をきちんと伸ばしていくスピードも速くて、ノイアーを連想させる場面もある。それくらい身体能力が高いんです。

まだまだ荒削りですし、勘に頼って動いているところもありますが、きちんと原理・原則を身に付ければ、ブッフォンを超える逸材になると思いますね」

――身体をきちんと速く動かしていく点では、ノイアーがすごいと？

「今、世界で誰がナンバーワンかと言ったら、それはやはりノイアーですね。彼は群を抜いています。カシージャスやツェフと比べても別次元だし、裏をカバーする能力に関しては、文句の付けようがない。

ただしシュートストップに関しては、CLのセカンドレグのように、たまに『あれ?』というシーンもあります。とはいえ、まだ若いし、あれでメンタル的な要素が完璧になってくると、おそろしいGKになるなと」

——最近はブンデスリーガの隆盛が著しいわけですが、GKに関してもドイツの時代が来たという印象はありますか?

「ドイツ、イタリア、スペインは育成に関して歴史があるだけでなく、指導体系も進んでいるので、すごいGKがいつ出てきてもおかしくない状況になっている。その中でも今、ドイツの選手が注目を集めているのは、大きくてかつ動けるという、身体的な特徴の土壌があるからだと思います。

一時期、スペインの練習のほうが進んでいたときがあって、スペインから優秀なGKがたくさん出てきました。でもドイツも最先端のトレーニングを取り入れることで、ノイアーのような人材を再び送り出し始めたんです」

——ブラジル杯で特に注目しているGKは？

「まずはやはりノイアー。ドイツは完璧なフィールドプレイヤーが揃っていますし、シュートを打たれる場面は少ない。でも、だからこそ逆に難しさがあります。シュートを頻繁に打たれているときのほうが、プレーのリズムは作りやすいですからね。

もちろんノイアーが活躍すれば、ドイツは優勝候補になりますが、あのプレッシャーの中で、しかも、たまにしかボールが飛んでこない状況の中で、正しく技術を発揮できるのかは見どころでしょう。スペイン代表のカシージャスは少し心配ですね。CLの出来も決して良くはなかったですし。あとはクルトワですよね」

実はクロスやハイボールの処理で身長はそれほど重要ではない

——日本代表に選ばれた、3名のGKに関しては、何を期待されていますか？

「川島永嗣選手は日本人初のワールドクラスのGKで、これまでの日本人選手が届かなかったエリアまでカバーできる。なので、当たり前のプレーを、当たり前にすればいいと思います。強いて言うなら、身体の正面に来たボールをキャッチするか、弾くかという判断をきちんとすることと、クロスへの飛び出しですかね。少し前までは守備範囲もやや狭かったので、そこが改善されていれば嬉しいなと。

ただし川島選手が一時期調子を落としたのは、フルタイムのコーチが不在だったことも影響していると思います。今はベルギーの有名なGKコーチについているはずなので、絶対に変わっていると思います」

——西川周作選手はどうでしょう？　日本のGKは概してフィードがあまりうまくないだけに、彼のフィードは、なおさら光ります。

「たしかにそうですね。僕は日本人のオリジナルのGK像、身長があまり高くなくとも、世界で勝負できるタイプという理想を求めていくと、彼がひとつのモデルになるのかなとさえ考えています。フィードの能力はもとより、前に出て止めることもできるし、引いて守ることもできますから」

——では権田修一選手については？　彼も非常に研究熱心です。

「日本人では珍しく、サイズがあるのにすごく速く動ける選手ですね。従来いなかったタイプですし、僕は新世代のGKとしてすごく期待しています。これから経験を積んでいけばさらに良くなるし、キャッチング能力も上がってきているので非常に楽しみです。
いずれにしても、日本におけるGKの育成は、絶対いい方向に進んできている。技術の部分は世界にすでに追いついているわけですし、あとは日本人の真面目さや器用なところを活かして、試合で実力を発揮できる割合をいかに増やしていくかでしょうね」

――とはいえ日本のGKを語るときに、体格差の問題は避けて通れない。イビチャ・オシムはフィールドプレイヤーに関して、「日本サッカーの日本化」というテーゼを打ち出しました。アジリティや組織性、ディシプリンなどを活かしていけば、体格差を克服してアドバンテージを確立できるという発想です。

しかしGKの場合は、フィールドプレイヤーよりも身体のサイズが影響する。「日本サッカーの日本化」という指針は、GKにも当てはまるのでしょうか?

「もちろん、大きくて動けるGKがベストではあります。現に世界の強豪国では2メートルはあろうかという高さを持ち、かつ、フィールドプレイヤーよりも俊敏に動けるGKが登場し始めています。

これを受けて、日本でもGKの大型化が叫ばれているのですが、190センチの上背があるGKばかりを評価していく必要があるのかという点は、慎重に見きわめていかなければばならないと思います。日本の場合、そこまでの高さを持つ選手で、フィールドプレイヤー並に速く身体を動かせたり、器用にボールを扱える選手はほとんどいないからです。仮に身長が180センチ前半でも、ものすごく才能を持った選手がいるのに、体格が重視されるばかりに篩《ふるい》にかけられてしまうケースがあれば、これは実にもったいないなと」

――180センチぐらいのGKでも、ゲームを読むスキルや判断力、アジリティなどを高めていけば体格差は埋められると？

「埋めるのはたしかに大変なんですが、一般的に誤解されていることも多いんです。たとえばGKはクロスやハイボールに対抗するためにも、身長が必要だと言われる。でも僕は本当に正しいクロスボールへの出方をすれば、身長はいらないと思っています。しかるべきタイミングで、しかるべきポジションに出れば、2メートルのセンターフォワードと競り合っても十分に勝てる。GKは手が使えるわけですから。180センチのGKが手を伸ばせば、230センチくらいの高さになる。それに加えてジャンプをするので、バレーボールのアタッカーでも出てこない限り、絶対に負けるはずがないんです。

むしろ身長は、シュートストップのときに必要になる。横に倒れたときに、単純に身長が20センチ違えば、カバーできる範囲も20センチ違いますからね。

その20センチを埋めるものこそ、日本人のアジリティなんです。同じポイントにたどり着くための所要時間を縮める、つまりゴール内で速くポジションを移動してから倒れれば、身長の差は埋めることができる。日本人はそこを追求できるはずです」

――身長差が不利だと言うのは、幻想だと?

「既成概念にとらわれている部分はすごく大きいでしょうね。似たような問題としては、クロスをどこで取るかというものもあります。

結論から言うなら、クロスは必ずしも最高到達点で取る必要はない。

もちろん最高到達点を高めていくための努力は続けていかなければなりませんが、相手が競りに来てもいないのに一番高いところで取ろうとしたら、キャッチングミスをしてしまう。仮に相手が競りに来た場合でも、いつも自分がボールをつかんでいる位置よりも高い場所で、いきなりボールが取れるようになるはずがありません。ならば状況を見きわめて、自分の能力の枠の中で対応したほうがいい。

クロスボールは最高到達点で少し止まり、それから落下し始めます。この仕組みさえわかっていれば、100メートル前からボールが来ようが、5メートル前から来ようが、慌てなくてすむんです」

――ＧＫというのは、フィールドプレイヤーにもまして、ロジックで詰めていけるポジションなんですね。

「ええ。個の強化とチームの強化をいかに両立させるかというのは、サッカーにおける永遠のテーマです。フィールドプレイヤーの場合は、あるときを境に、個だけでなくチームとしても強化していないと勝てなくなりますが、ＧＫの場合は個が占める割合が圧倒的に多い。しかも理論に基づいた正解もはっきりしている、特殊なポジションですよね」

――お話を聞いていると、日本のプレイヤーの中で一番、伸びる可能性を秘めているのはＧＫのような気がします。山田さんの薫陶を受けた世代が代表に入るようになってくると、ワールドカップの結果も変わってきそうですね。

「変えたいですし、変わってくると思います。

ＧＫが変われば、試合の結果はオセロのようにひっくり返る。チーム力が互角でシュートを打たれる回数も同じなら、最後はＧＫで決まるわけですから。ＧＫが成長することで、代表の結果は劇的に変わると思います」

――環境は少しずつ、整ってきている。

「今は全国にいろんなＧＫコーチがいますし、小学生なのにあんなセービングができるの？　と思うような子どもたちが増えてきました。この子どもたちが大人になったときのことを考えると、本当に楽しみですよ。技術や理論がしっかりしているだけでなく、ヨーロッパのＧＫのように、理由はわからないけど、なぜかシュートを止めるとか、やたらと動きの速い選手なども出てくるのではないかと」

――ハイボール幻想を払拭して、日本独自のＧＫのモデルが生まれると面白いですね。

「ええ、僕が目指しているゴールも、そこにありますから」

E I I C H I R O　Y A M A D A

1971年6月15日、山口県出身。筑波大学を卒業後、藤枝ブルックスを経て1994年に横浜マリノス（現横浜F・マリノス）に加入。引退後は、一般企業への就職を経て、シュートJr.ユース（2006～2013）、専修大学（2011～2013）でGKの指導にあたり、2014年に水戸ホーリーホックのアカデミーGKコーチに就任。その後、同チームのユースコーチ、筑波大学蹴球部GKコーチなどを経て、2017年8月より浦和レッズのコーチ（分析担当）を務める。

8 SHUSAKU NISHIKAWA

「GKというポジションは『ゲームメイカー』である」

最後方からゲームを構築する守護神

西川周作

前稿の山田栄一郎氏と同じく、ブラジルW杯開幕を間近に控えて行われたインタビュー。本大会での出場機会にこそ恵まれなかったが、それから5年が経った現在でも日本を代表する守護神の一人であることは間違いない。西川周作の大きな武器と言えば、多くのファンが承知の通り、足元の確かな技術に裏打ちされた正確なフィードと、ディフェンスラインの背後を十分にカバーできる守備範囲の広さ。事実、本稿の中でも参考にしている選手として、マヌエル・ノイアーとテア・シュテーゲンの名前を挙げている。「GKはゲームメイカーである」という独自の哲学を持つ西川に、その見据える先を聞いた。

（取材日：2014年3月）

攻撃的なＧＫを目指して

――Ｗ杯ブラジル大会まで、いよいよ３ヵ月を残すばかりとなりました。日本代表のＧＫとして、ここまでのチームの成長ぶりに関しては、どんな印象を持っていますか？

「今の代表はアジアでは通用しても、世界の強豪を相手にすると、本来の力を出せなくなるというか。いわゆる『日本らしくないサッカー』、殻に閉じこもっているようなプレーをしてしまうケースがある気はしますね。

それだけに、11月のヨーロッパ遠征で手応えをつかめたのは大きかった。オランダ戦の後半のような戦い方をすればいいというイメージを、チーム全体で共有できたと思いますので」

――オランダ戦における西川選手のプレーには非常に好印象を受けました。守備のバランスも取れていたし、簡単なキックミスで、試合の流れを自ら切る場面も少なかった。ビルドアップも、かなり改善されましたし。

「そう言ってもらえると、すごく嬉しいですね。実際に試合を見ていない人の中には、西川のプレーは危なっかしいと思い込んでいる人たちもいますので、チャンスをもらった試合でしっかりアピールして、西川がボールを持てば、何かが起きるかもしれないという期待感を持ってもらえるようになりたいですね」

――「ボールを持てば何かが起きる」。その発言の真意は後で聞かせていただくとして、先ほどは「日本らしくないサッカー」という言葉がありました。逆に「日本らしいサッカー」とは、どのようなものでしょう？

「相手が前からプレッシャーをかけてきていても、落ちついて後ろからボールをつなぎ、チャンスを作っていくスタイルですね。

幸い、日本代表のＤＦ陣にはボールをつなげる選手がたくさんいるわけだし、後ろからきちんと組み立てていけば、今度は前の（香川）真司や（柿谷）曜一朗、（本田）圭佑といったあたりが、ボールを細かくつなぎながら前に運んでくれる。

個人的にコンフェデで強く感じたのは、クリアボールでさえもつないでいく必要があるということでした。セカンドボールを奪われ、押し込まれる時間帯が続くときついですから、つなぐ意識が強いのは有り難いです」

――守備陣全体として、本大会までに改善していかなければならない課題は？

「ザックさんからは（自陣のゴールを横切る）パスを出すな、相手を背負っている場合には、ヤットさん（遠藤保仁）にボールを当てるのも避けろと言われます。やはりミスからの失点が一番がっくりくるので、まずは無駄なリスクを減らしていくのが課題でしょうね。

でも初歩的なミスさえ減らせれば、そんなに簡単にはやられないと思うんです」

――もっと守備は安定していくと？

「ポイントのひとつはリスクマネージメント、攻めているときのポジション取りだと思います。

ワールドカップに出場するような選手は能力が高いので、1対1に持ち込まれると、個人技で持っていかれる危険性が増えてしまう。でもGKが指示を出して、万全のポジション取りをさせておけば、必ず対応できると思いますし」

――では攻撃については？　今の日本代表に欠けている最後のピースは何でしょう？

「んー……強いて言えばシュートですかね。広島や浦和でもときどきあるんですけど、つなぐ意識が高いことが裏目に出て、シュートを打ったほうがいい場面でも打たなかったり、うまく崩してから点を決めようという意識が出過ぎてしまう傾向はあると思います。

でも一発でもミドルを打っておけば、相手のDFは警戒して前に出て来ざるを得ない。

そうなれば、今度はディフェンスラインの背後を狙うオプションも生まれてくるわけですから」

——ワールドカップが開催される年に、サンフレッチェ広島から浦和レッズに移籍したのは、相手との駆け引きなども含めて、総合的にスキルを磨いていくためだったのでしょうか？

「決して簡単な選択ではなかったのですが、海外では圭佑なども移籍しているわけですし、自分もGKとしてさらに成長するために、思い切って決断しました」

——具体的には、どのあたりを伸ばそうと？

「浦和はラインが高めなので、DFの背後を突かれたボールを処理するのは、GKの役割になります。その意味では、やはり守備範囲をもっと広くしていかなければならない。また自分の場合は、セービングだけではなくて、シュートを打たれる前にインターセプトしたり、攻撃もできるGKになるという目標も掲げてきましたので、そういう点も磨いていければと。海外のリーグを観ていても、攻撃的なプレーができるGKに惹かれますし」

——参考にしている選手はいますか？

「バイエルンのマヌエル・ノイアーとか、ボルシアMGの若手、マルク＝アンドレ・テア・

シュテーゲンのプレーはすごく好きですね」

——自分がイメージしているプレーに近い。

「ええ。ボルシアは広島や浦和に似たようなサッカーをしますし、GKも簡単にボールを蹴らずに後ろから組み立てたり、中盤を狙ってパスをつなぐようなプレーをするんです」

——ならば、理想のビルドアップは、どのようなものなのでしょう？　西川選手に関しては、短いパスを使って攻撃を組み立てていくのがうまいGKという印象が強いわけですが、最近の取材では、ボールを持ったら、まず最前線につなぐことを考えるとも発言している。

「たしかに前が空いている状況でカウンターを展開できれば、一番、得点につながりやすい。でも長いボールを効果的に使うためにこそ、実はショートパスが活きてくるんです。こちらがショートパスをつなぎ、相手が食いついてくるようになれば、ポストプレイヤーが前線にいなくても、ロングボール一発で局面を打開できるようになるわけで」

——右足でのキックを練習しているのも、ビルドアップの引き出しを増やすためですか？

「ええ。自分は左利きですが、左足でボールをコントロールした次のプレーで、いきなり右足でワイドに展開したりすると、スペースが作り出せる。実際、試合ではサイドバックの選手にボールを出すよと言っておいて、一気に前に運んでもらうこともあります。自分の狙いがはまったときは、最高にわくわくしますね」

――先ほど、話に出たオランダ戦では、そういうプレーもできたと？

「後半、右足でオカ（岡崎慎司）に出したロングパスは感触が良かった。相手の裏をかいて、前線にピンポイントでボールを出すことができましたから。一発でチャンスにつながるプレーは、今後も続けていきたいと思います」

GKとは〝ゲームメイカー〟である

――そういう独自のプレースタイルは、いかにして確立されたのでしょうか？

「足元の技術を身に付けたのは、中学の頃、フィールドとGKを両方やらせてもらった影響かもしれません。でもつなぐ意識が高まったのは、やはり大分トリニータから広島に移籍して、監督のミーシャ（ミハイロ・ペトロヴィッチ）に出会ってからです」

――少し大きな質問をさせてください。

かつてイビチャ・オシムは「日本サッカーの日本化」を提唱しました。要はアジリティやスタミナ、連動性やディシプリンといった特徴を活かして、外国人との体格差などを埋めていく発想ですが、他のポジション以上に身体のサイズが重要視され、かつ単独でプレーすることの多いGKにも「日本サッカーの日本化」という方法論は、適用できるのでしょうか？

「可能だと思います。GKはピッチの一番後ろにいますけど、相手DFと駆け引きをするのはフィールドプレイヤーと一緒ですし、後ろからでも危険なパスを出すことはできる。そもそも僕は、GKというポジションを『ゲームメイカー』として捉えていますから。味方と連動しながらビルドアップを使い分けたり、ゲームのテンポも自由にコントロールできますしね」

――GK絡みのプレーにおいてこそ、組織性や連動性の高さといった特徴は活きてくる。

「僕はそう解釈していますし、そうであっていいと思っています」

――わかりました。では最後に、ブラジル大会の目標を聞かせてください。

「最低限、グループリーグは突破しなければならない。個人的には初戦がポイントになると思います。コートジボワールに勝つことで、見えてくるものも絶対にあるはずなので」

――個人的な目標は？

「やはり試合に出ることですね。簡単でないのはわかっているんですけど、GKはピッチ上に一人しかいない、すごくやりがいのあるポジションですし、ライバルと競い合う時間もまだ残されている。自分がワールドカップでチャンスを手にし、その試合で全力を発揮できるよう、浦和で切磋琢磨していければと思います」

——自分こそが、日本代表のラストピースになれるという自信や自負は高まっている。

「ええ。GKはチームそのものを変えられるポジションだと信じていますから。世界の舞台で、自分のスタイルが通じることを証明したいという気持ちは強いですね」

SHUSAKU NISHIKAWA

1986年6月18日、大分県宇佐市生まれ。高校進学時に大分トリニータU‐18に入団し、2005年にトップチームへ昇格。2010年にサンフレッチェ広島に移籍し、4シーズンを過ごした後、2014年に浦和レッズに加入。通算5度のベストイレブンに輝くなど、Jリーグを代表するGKの一人。日本代表としても国際Aマッチ31試合に出場し（2019年2月末現在）、W杯ブラジル大会は本大会のメンバーに選出された。

9

EIICHIRO YAMADA 2

「ロジックで超えられない壁をいかに超えるか」

躍進の大会を経ての日本人GKの現在地

山田栄一郎

本書には山田栄一郎氏のインタビューが2本収録されている。1本目の記事は、水戸ホーリーホックのアカデミーにおいて、若手の育成に手腕を振るっていた際のもの、そしてこの2本目は前回の取材から4年後、浦和レッズの分析担当コーチを務めるようになってからのものである。立場は変わっても、氏は世界に通用するGKを育て上げるという目標を一貫して追求し続けていた。世界トップクラスのGKはいかに変化したのか。そして日本サッカー界の守護神たちは、どこまで世界に肉薄するようになったのか。映像分析を駆使した緻密な理論と、豊富な実例によって示された、日本人GK飛躍のヒントとは。

（取材日：2018年8月13日）

この4年間に起きたGK像の変化

——前回のインタビューから4年経ったわけですが、この間に起きたGKの進化や変化はどのように見ていますか？

「一言で言うと、GKがアスリート化していますね。サイズも本当に大きくなっているのですが、それに加えてパワーやスピードのあるGKが、世界の至るところから出てきています。

ただし世界のサッカー界では、技術も少しずつ進化している。特に変わったのはブロッキング——至近距離のセービングと、1対1の対応、そしてアンダーハンドキャッチですね。W杯ロシア大会を見ても、ブロッキング技術の進化はすごいなと思いました。

アンダーハンドキャッチも、世界と日本では少しずつアプローチが変わってきていると言えるでしょうね」

——ブロッキングの技術が進化したとは、具体的にどのような点でしょうか？

「シュートコースに対して、できるだけしっかり『面』を作る、ぎりぎりまで倒れ込まないようにするという基本は変わりません。

ただし世界トップレベルのGKは、もっとシューターとの距離を縮めていくようになった。しかも間合いを一気に詰めつつも、最後の最後まで粘るようになってきている。こうして相手がなかなかシュートを打てない状況を作りながら、実際にシュートを打たれたときにも、すぐに反応できる姿勢をキープしていくんです」

――最後まで粘るようになったというのは、状況判断のスピードや瞬間的なリアクションの速さも上がっているからなのでしょうか？

「もちろん上がっていますし、あとはやはりサイズですよね。同じセービングをしたとしても、サイズが大きければそれだけ有利になりますから」

――アンダーハンドの技術が上がっているというのは？

「これまでは膝を折って、やはりしっかり面を作りながら、ボールを抱え込むようにキャッチするのが理想とされてきたんです。たしかにこれは方法論として正しいのですが、パスやシュートのスピード、ゲームのテンポがどんどん上がってきているので、丁寧に面を作っていては間に合わないような状況が出てきました。

だからドイツなどでは、最悪の場合は脚を開いたままでもいいから、とにかく遮断機のように両手を下ろすという発想になりつつある。これもまた、新しく出てきた流れのひとつだと思います」

——きれいにキャッチしなくてもいいから、まずはシュートを防いで、その次のアクションで対応すればいいと。

「そうですね。セカンドアクションも本当に速くなっていますから」

日本人ＧＫの立ち位置と武器

——Ｊリーグにおけるゴールキーピングに関しては、いかがお考えですか？

「ＪリーグのＧＫも、間違いなくレベルは上がっています。実際に、Ｊ１ではシュートが決まりにくくなってきました。たとえば鳥栖戦（２０１８年８月）では、ファブリシオがペナルティエリアの外からシュートを打ったのですが、シュートコース自体は悪くないのに、権田（修一）選手にしっかり弾かれてしまった。以前は入っていたシュートが、簡単に入らなくなってきているというのは、わかりやすい例だと思いますね。

技術に関しては、日本人ＧＫはすごくこだわっているし、トップレベルだと思っていいます。実際、キャッチングの際に手をどのような形にしていくか、あるいはセービングにおける脚の出し方などは、世界的に見ても引き続きトップレベルだと思うんですね。

ただし前に述べたように、世界のＧＫはどんどんアスリート性が高くなってきている。そういう面まで含めて考えれば、日本人はまだ世界トップクラスに追いついていないというのが現状だと思います」

――とはいえサイズやアスリート性は、一朝一夕に改善しにくい部分です。日本人ＧＫの体格の問題は、ハリルホジッチさんが代表チームを率いた頃から、さらにクローズアップされるようになりました。日本人ＧＫは世界との差をどうやって縮めていけばいいのでしょうか？

「誤解のないように述べておくと、もちろん日本人ＧＫも体格などは少しずつ向上してきています。それに世界との差を埋める意味でも、技術だけで埋めようとするのではなく、アスリート性もしっかり高めていく必要はある。

とはいえ、アスリート性だけで真っ向から挑んでいくのはなかなか難しいですし、現実的ではないと思います。世界のサッカー界でアスリート性が高いと言うと、（ティボー・）クルトワやクロアチアの（ダニエル・）スバシッチのようなレベルを指します。アスリート性の向上はフィールドプレイヤーでも顕著ですが、持って生まれた体格や骨格そのものが違いますから、単純に同じところを目指せばいいという発想にはなりません。むしろ必要なのはアスリート性も改善しつつ、日本人GKならではの良さをしっかり認識した上で、そこで勝負していくというアプローチだと思います」

――日本人GKならではの良さとは？

「技術的なレベルについては先ほども触れましたが、GKに限らず日本人選手はコレクティブにプレーできるし、ハードワークも厭わない。サッカーをしていく上での総合的な体力、つまりスピードとスタミナのバランスがすごくいいと思うんです。そういう要素は、大きな武器のひとつになると思いますね。

あとはチームとして、GKに何を求めるかでしょうね。

とにかくGKには失点を防ぐことだけを求めて、爆発的なセービングでピンチを救えるような選手を優先するのか。あるいは守備もきちんとできることを前提とした上で、より総合的にゲームに絡み、11人の中の一人として力を発揮できるタイプを重視したいのか。ここをどう考えるかで、GKを選ぶ基準は大きく変わってきます」

――結局、GK個人というよりも、チーム全体としてどんなサッカーのスタイルを目指し、

どう戦っていこうとするかに依存してくると。

「そうですね。もちろんアスリート性が高くて、足元の技術もずば抜けていれば理想的だと思いますが、それを両立させるのは現状では難しいですから。

実際、世界にはさほどアスリート性に秀でていなくても、チームと連動しながらしっかりシュートを止められて、トップレベルのクラブで高い評価を受けているGKもいるんです。（ケイラー・）ナバスとか（ギジェルモ・）オチョアなどは、そういうタイプの代表的な例だと言えるでしょうね」

――アスリート性が高くなくとも、シュートを確実に止めていく。そのポイントは、どこになるのでしょうか？

「ポジショニングと、シュートに的確に反応するための準備ですね。

ナバスやオチョアは、自分にアスリート性がないことを知っているから、常に最適なポジショニングを心がけていますし、できるだけ無駄のない動きでシュートコースに入っていく。さらにシュートを打たれるか打たれないかというぎりぎりの場面でも、どんな方向へも動けるような姿勢を維持しながら、一歩でも半歩でも相手に近づいて、少しでも有利な状況を作り出していこうとする。だからこそ爆発的なセービングができなくとも、世界のトップレベルで戦っていくことができるんです。彼らは日本人のGKが目指していくべき方向性を考える上で、ひとつの基準になるような気がします」

——今回行った一連のインタビューでも、やはりGKはチームの守護神としてゴールを守るのだから、ボックスの中で勝負できる力を重視すべきだとされる方と、もっと能動的にゲームに関わっていくスタイルを目指すほうが、日本らしいはずだと指摘される方に分かれていました。むろん、どちらの意見もきわめて正しいわけですが、山田コーチは後者に近い考え方をされている。

「たしかにJリーグにも、ゴール前に張り付いているようなタイプ、ディフェンスラインの裏に抜けてきたスルーパスはカバーしないけれども、その代わりに飛んできたシュートは確実に止めるというスタイルの選手もいます。

フロンターレのチョン・ソンリョンなどもそうですが、Jリーグに来ている韓国人GKはアスリート性が高いので、シュートストップで勝負していく形になる。でも日本人GKの場合、世界と戦う上で武器になるのは、そこじゃないと思うんです」

サッカー界がGKに求めている要素

——関連して質問させてください。世界と戦えるGKを育成する上では、海外で実際に経験を積んでいくことも必要だとされています。海外でプレーすることによって初めて、日本人の特徴が再認識できるという部分もありますから。

しかし実際には、様々なポジションの中で「欧州化」が一番進んでいないのが、GKになってしまっている。フィールドプレイヤーに比べて、「枠」がきわめて限られているという問題があるにせよ、ヨーロッパでプレーする日本人GKが依然として少ないのは、どこに原因があると思いますか?

「まず言葉の壁があります。ただし実際には、もっと細かな問題も影響してくる。

たとえば、これだけ多くのフィールドプレイヤーがヨーロッパに渡って成功しているのは、やはり向こうの選手にはない要素、細かなテクニックやいろんな役割を咄嗟にこなせる器用さが重宝されているからなんです。フィールドプレイヤーの役割そのものが、それだけ多角的になってきていますから。

しかしＧＫに関しては、そこまで細かな要素が求められているとは、必ずしも言い切れない側面があります。もちろんヨーロッパのチームでも、様々な形でビルドアップができたり、ボックスの中だけではなくて、ディフェンスラインの裏もケアできるようなタイプが少しずつ出てきています。

ただし全体として見るならば、細かなプレーを求めたり試合にトータルに絡んでいくというよりも、まずは決定的なシュートを止めてくれればそれで十分だと、シンプルな発想もいまだに根強い気がするんですね。だからチームの指導者が後者のような考え方をしている場合には、やはり日本人ＧＫを積極的に獲ろうという話になりにくい。身体が大きくてアスリート性の高いＧＫを呼んできたほうが、わかりやすいですから」

――そこは複数の選手が指摘していました。身体能力や理論的なレベルが発展している反面、「お前に任せた」というような、ざっくりした捉え方をしているケースも多かったと。

「しかもチーム全体のプレースタイルに関して言えば、あまり細かな要素を求めなくなってきている傾向さえあるような気がします。

たとえばＷ杯ロシア大会では、スペインやドイツのようにボールを丁寧につないでいくチームが勝てなかった。現在のサッカー界では、ゴールキックからパスをつないで、シュートまでもっていくようなチーム自体が少なくなってきているとも言えるんです」

――GKからビルドアップしていくよりも、プレスをかけてインターセプトし、ショートカウンターに転じていったほうがいいと。

「そういう方法を取るチームは増えていますね。だからGKに関しても、足元の技術を求めるというよりは、まずは守備を重視する傾向が出てくる。実際、リーグ戦で戦っていると、ゴールキックから無理につなぐよりは、やはり確実に勝ち点3を取ろうという発想になってきますから」

――むしろ失点のリスクを極力減らそうとする発想ですね。

「もちろん西川（周作）のように高い技術を持った選手は、リスクコントロールをしながら、大きく開いた選手にボールをつないだり、サイドでフリーになった選手にピンポイントでフィードするようなプレーができます。

でもそういう選手は、必ずしも多くない。結果、どのチームでもアスリート性が高く、とにかく守備だけは強いGKを求める傾向が強くなってしまうんです。

しかも現在のサッカー界では、プレミアリーグでプレーできることが、ひとつの指標になりつつある。クルトワのように、フィジカルが強くて高さとパワーがあって、空中戦やシュートストップもできるというタイプが重用されてきている。こうした傾向も、GKが求められるスタイルに影響を与えている部分はあると思います」

――日本人GKにとっては、あまり好ましい流れではないですね。

「そうですね。将来的にはともかく、GKはシュートストップしてくれるだけでいいということになると、今は日本人選手にとって少し逆風と言えるでしょうね」

育成事情と乗り越えていくべき壁

――それではここからは、育成事情について質問させてください。日本サッカー協会やJリーグ側で、こういうGKを目指していくべきだというようなコンセンサスや指針は共有されているのでしょうか?

「GKライセンスの項目の中に、目指すべきプレーモデルは記されていますが、それはあくまでも基本的なガイドラインで、日本代表がこういうサッカーをしているからこういうプレーをしようといった、そこまでの細かさはないですね」

――日本の場合はヨーロッパ型のノウハウ、南米系のノウハウ、そして部活を中心に育まれてきた日本独自のノウハウという3つの大きな流れがあります。様々な考え方があってしかるべきだという選手もいれば、収斂させていくべきだという意見もありました。山田コーチはどちらの考え方に近いですか？

「いい習慣をつけていって、バランスの良いGKを目指すという意味で考えると、モデルを収斂化させていったほうがいいのではないかと思いますね。実際、育成プロジェクトでも正しい習慣づけは非常に重視していますから。

ただし、すごく大きなスケールを持った選手が出てきたときに、あまり型にはめてしまうと、デメリットが生まれてしまう可能性もある。

たとえば構えるときには、手の位置と脚の幅がポイントになるのですが、最もしっくりくる構え方は、選手それぞれで微妙に違います。だからその部分は、あまり型にはめたくないと思っていて。細かく指示し過ぎると、逆にプレーが遅くなることもあるので、一人ひとりに柔軟に対応する必要があると思います」

——そもそも山田コーチからご覧になって、GKを目指す子どもたちは増える傾向にあるのでしょうか？　それともあまり以前と変わらないのでしょうか？

「残念ながら、大幅に増えた感じは受けないですね。僕は浦和レッズのジュニアユースでもセレクションに関わることがあるんですが、10メートル走や30メートル走、あるいはステップの速さなどを測定しても、GKを目指す子どもたちは、フィールドプレイヤーで応募してきたトップレベルの子どもたちに比べると、スコアが低い場合が多いですから。

そういう点を考えると、GK人気が高まって、未来が完全に明るくなったとは言い切れないのではないかと思います」

——子ども時代の体格や運動能力の差は、その後に大きく影響してくるのでしょうか？

「たとえば韓国では、ジュニアのチームでも、すでに高校生ぐらいのサイズのGKがたくさんいるんです。実際に今、Jリーグに来ている韓国代表クラスのGKもサイズとパワーがあるし、しかも大きい割に機敏に動ける選手が多い。これもアスリート性の高い子どもたちを、早い段階で意図的に選んでいるからなんです」

——まずはノウハウ云々というより、サイズのある子どもたちを揃えていくと。

「やはりそうせざるを得ないでしょうね。たしかに日本でもプロ野球の大谷翔平選手のように、外国人に引けを取らない選手がときどき出てきます。そういう選手をGKにしていければ変わってくると思いますが、サイズの違いはシュートストップ、特にグラウンドに倒れ込んでセーブする際の飛距離につながってきますから」

――現在の日本では、若い世代の押し上げが弱いのではないかという懸念の声もあります。それについてはどう思われますか？

「育っていないわけではないと思うのですが、少なくとも出場機会を得るところまで至っていないのは事実ですね。ＧＫにとって経験値は非常に重要なのですが、そもそもＧＫは選手の息が長いので、なかなかポジションが空きにくい。

しかもプロのクラブとして活動している以上、実戦で選手を育てていくのも難しい。ましてやＧＫは必ず試合に勝つために選ぶので、なかなかチャンスが巡ってこないんです。

ただし今の若い選手たちは、みんな新しい育成プログラムのもとで育ってきています。指導者もライセンスを取得して、基本的なことをしっかり踏まえた上で日夜努力されていますから、本来であれば有望な若手が出てきてしかるべきなんです」

――Ｊリーグでは、外国人ＧＫを起用するチームが増えてきたために、日本人選手が出場できないケースも増えてきました。

次世代のＧＫを育成していく上では、外国人枠を厳しくして日本人に出場機会を与えるようにすべきだという意見がある一方、逆に枠を撤廃していくほうがプラスになるはずだという声も聞かれるわけですが、この点についてはいかがですか？

「そこは難しい問題ですね。優秀な外国人GKがプレーできる環境を作れば、若い選手がお手本にできるだろうという考え方ももちろん理解できますが、経験を積まなければ、なかなか成長していけないのも事実ですから。

ただし、やはりこの問題に関しても、世界といかに戦える人材を育成していくかという視点で捉えるべきだろうと思います。その意味では、ポジション争いが厳しくなっていくのは、マイナス面ばかりではないですね。

たしかに外国人枠を撤廃する方向に進んでいけば、短期的には日本人GKが出場できる機会は減るかもしれません。しかし長期的に見るならば、Jリーグにやってくる優秀な外国人GKからレギュラーを奪えるようになって初めて、日本人GKのレベルは上がったと言えますし、世界とも戦えるようになると思うんです」

――ある意味、GKに関しては、すでに世界と戦っているのに近いような状況がJリーグの中で生まれているというのは、興味深いご指摘ですね。若手の中で注目されている選手はいますか？

「手前味噌ですが、レッズに鈴木彩艶《ざいおん》という選手がいます。まだ高校生ですが、トップチームの練習にもたまに参加していますし、アンダー世代の代表にも入っていて。彼には注目していますね。サイズやアスリート性、たとえば身体の伸ばし方やステップ、ターンの仕方などは天性のものを持っているので、彼がどういうGKになっていくかはすごく楽しみですね」

——一軍には、それこそ西川選手もいます。

「ええ、もちろん。彼は非常にいいモデルになっていると思います」

——西川選手と初めて仕事をされた際、特に驚いた部分は？

「彼は学習能力がかなり高いというか、映像の資料を見せると、すぐにできてしまうような天才肌のところがあります。しかも考え方もすごく柔軟で、何事にもチャレンジしようとするんです。あの姿勢には感心しました。

プレーに関しては、やはり準備ですね。これまで指導に当たられた方の功績だと思いますが、姿勢や最初の一歩の動き出し方にすごくこだわっているんです。実際、Jリーグの試合でも、シュートストップの確率はかなり高いし、簡単なシュートは滅多に入らない。足元の技術の高さに関しては、指摘するまでもありませんが」

——リカルド・ロペスコーチは西川選手を、プレースタイルで言えばテア・シュテーゲンなどと同じように、最もモダンなゴールキーピングをしている、日本人GKが目指すべき方向性のひとつを示唆していると非常に高く評価していました。

ただしロペスコーチは同時に、レッズではつなぐサッカーの起点として、あれだけ大きな役割を担っている分だけ、日本代表でプレーする際には、スタイルの摺り合わせが大変になるのではないかとも指摘されていました。その点についてはいかがですか？

「そうですね。ペトロヴィッチ監督の頃は、こなすべきタスクがすごく多かったので、すごく負担がかかっていたと思います。あのスタイルでプレーしていくためには、思考回路を目まぐるしく切り替えていかなければならないので。

でも今は、基本的なタスクのところがシンプルになっているので、シュートストップにも足元（のボールさばき）にもすごく集中できている。だからこそ、パフォーマンスが上がっているんだと思います」

――では一人のGKとして、もう一度、スケールアップしていく過程にあると。

「そう思います。まず原点に戻って基本的なレベルを高めれば、さらに足元の技術も活きてくるわけですから」

――ファンの間では、西川選手の代表復帰を望む声が根強くあります。

「シュートストップや高さだけで見れば川島（永嗣）選手だし、レイソルの中村（航輔）

選手はシュートストップや至近距離のシュートがすごく得意だという特徴もある。でも西川は総合的なバランスがきわめて高い。それに何より、日本代表が目指していくべきサッカーのスタイルにすごく貢献できると思うんです。

だから今後、日本代表の森保一監督が、どんなGKを選んで、何を求めていくかというのはすごく楽しみですね。さらに言えば、下の世代からも何かひとつにだけ秀でているような選手が出てきて活躍してくれるようになったら、GKの育成に関わってきた自分としては、すごく嬉しいですね」

＊

日本サッカー界においてGKの指導や育成に携わってきた人物の中で、きわめて早い時点から映像を使った詳細な分析を行い、ゴールキーピングの理論を構築してきた人物。それが山田栄一郎である。

山田はもともと横浜F・マリノスでGKとしてプレー。現役引退後は水戸ホーリーホックのアカデミーでGKコーチを務め、現在は浦和レッズでスカウティングを担当するようになった。本書では水戸時代に行ったインタビューと、浦和に加入してからのインタビューを併載したが、いずれの内容からもわかるように、山田はいわゆる「GK戦術」をきわめてわかりやすく、かつ体系的に語れる数少ない指導者だと言える。

前半のインタビューで言及されている、試合中のポジショニング（ボールが敵陣にあるか、センターライン付近にあるか、自陣にあるかでGKが立つべき場所は自然に決まってくるだけでなく、ピッチ上に刻まれたラインやマークが基準になるという発想）や、フリーキックの際に優先すべき項目、ゴール前での状況とGKの特性に応じて、守り方がいかに変わってくるかといった戦術解説などは、初めて聞かれた方も多いのではないか。

また山田は世界トップクラスのGKと、川島永嗣、西川周作、権田修一の特徴などを的確に表現しつつ、日本人GKが目指すべき方向性も示唆している。理論的な「正解」が明快なポジションであるだけに、日本のサッカー界が世界と戦える人材を輩出できるはずだとする主張は、強い説得力と希望に満ちている。

4年後に行われた2回目のインタビューでも、山田の立場は一貫していた。

また浦和レッズのスカウティング担当者としての活動を通して、日本人GKの成長に強い手応えも感じていた。とりわけ西川周作に関する分析は興味深い。足元の技術にさらに磨きをかけつつ、セービングに関しても新たにスケールアップしつつあると断言している。

ちなみに1回目と2回目のインタビューの間には、西川周作のインタビューを収録させていただいた。これはもともと『スポーツ・グラフィック・ナンバー』に掲載されたもので、Jリーガーが海外サッカーの選手を語るというのが基本テーマになっている。

同じ趣旨に基づいて行われた権田修一のインタビュー同様、西川はノイアーやテア・シュテーゲンの名前を挙げている。特にテア・シュテーゲンを選んでいる点に関しては、得心された読者の方も多いのではないか。

当時、テア・シュテーゲンは足元の技術を武器に、かつてないほどビルドアップに加わりプレーをする、新世代のGKとして注目を集めていた。西川も意欲的なビルドアップ、ピンポイントのフィードで、浦和レッズや日本代表に新風を吹き込んでいたからである。

また西川は、守備の局面におけるDFとの連動性においても、日本人GKが世界と戦う際の方向性を示唆する逸材として、高い評価を受けていた。

かつて代表のGKコーチを務めたリカルド・ロペスは、西川のプレースタイルこそ、日本が追求していくべきモデルだと断言している。同じ浦和レッズに名を連ねるようになった山田栄一郎も、西川が秘める大きな可能性を改めて強調した。

ただし山田は、日本人ＧＫが確実にレベルアップしていると指摘する一方、世界各国のＧＫもまた長足の進歩を遂げている事実にも言及している。

フィールドプレイヤー同様、ＧＫも急速にアスリート化が進んでいることや、カウンターサッカーを志向するチームが増えてきたことなどを挙げた上で、日本人ＧＫにとってむしろ逆風とも言える状況も生まれつつあると喝破。その一端はＪリーグにさえもうかがえるという。

また山田は、日本型の育成・指導方針に潜む陥穽《かんせい》も見抜いていた。むろん精緻な理論や長期的なビジョンなくして、優れたＧＫは登場し得ない。だが型破りのスケールを持った逸材を発掘し、才能を伸ばしていくためには、既存の枠にとらわれない柔軟な発想が必要だとも説いている。

日本人ＧＫだけが持つ武器を磨きながら、世界の新しい流れにいかに対応していくか。システマチックな育成を行いながらも、いかに自分たちの殻を破っていくべきなのか。

山田は最新の映像分析ソフトと確かな洞察力を頼りに、日本サッカーの可能性を今日も模索し続けている。

10 RICARDO LOPEZ

世界的指導者から見た日本人GK

リカルド・ロペス

「GKのイメージ、カルチャーを変えていかなければならない」

リカルド・ロペスは、ラ・リーガのレアル・バリャドリードやCAオサスナなどでレギュラーとしてプレーし、今やGK大国となったスペイン代表にも選出された経験を持つ人物である。さらに2014年から2年間、ハビエル・アギーレとヴァヒド・ハリルホジッチ両監督の元で、日本代表GKコーチを担当。現在はFC市川ガナーズで子どもたちの指導にあたるなど、日本サッカーにも造詣が深い。世界を知る指導者の目に、日本人GKの姿はいかに映ったのか。そして日本サッカーが世界と戦っていくために必要な要素とは。世界と日本を知る人物が、育成環境やサッカー文化にまで深く踏み込んだ提言を行った。

（取材日：2017年7月6日）

日本人GKが持つ多様な〝個〟。「代表にとっても望ましい」

――あなたはハビエル・アギーレ監督時代、日本代表のGKコーチとして来日しました。日本代表のGKコーチには、どのような経緯で就任したのですか？

「もともとアギーレは、僕がオサスナでプレーしていたときの監督で、その後も連絡を取り合っていたんだ。僕がGKコーチとして活動しているのを知っていたから、『すごく伸びしろのあるチームがある。一緒に指導してみないか？』と声をかけてきてくれたのが、直接のきっかけだね」

――日本人GKに対しては、どんなイメージを抱いていました？

「いい印象を持っていたよ。ヨーロッパでプレーしている選手がいるし、過去にはアジアカップで優勝したこともあるぐらいだから、レベルはかなり高いだろうと。その点では予想通りだったね。逆に驚かされたのは、選手のタイプが実にバラエティに富んでいることだった」

——具体的には？

「たとえば西川（周作）。彼はさほど高さがないかもしれないけど、その分スピードやアジリティがあるし、一流のGKに求められる条件をすべて備えている。しかも足元の技術がきわめて高く、勇気を持って前に積極的に出てくる。

その西川と好対照なのが東口（順昭）だ。もちろん彼も技術や集中力、勇気を持っている。身長の割に、コーディネーションもいい。だが少なくともプレースタイルに関しては、あまり前には出てこない。

似たようなことは、権田（修一）についても指摘できる。彼は高さがあるが、コーディネーション、アジリティ、スピードは文句のつけようがない。日本を代表するトップクラスのGKの一人だと言っていい。ただしプレースタイルという点から見れば、やはり東口と同じようにボックスの中で勝負する傾向が強い」

——長身のGKとしては、林彰洋選手もいます。

「林もコーディネーションとアジリティに秀でた選手だ。クロスに的確に対応できるクレバーさも持っている。ただし東口や権田とは微妙にタイプが違う。１９０センチ台の身長がありながら、前に出てアタックするのを好む。タイプ的には、ヨーロッパのGKにかなり近い」

――林選手は、ヨーロッパでプレーした経験を持っていますしね。

「そう。その点は川島（永嗣）にも共通する。川島はベルギー、スコットランド、フランスと、3ヵ国のリーグですでに7年もプレーしてきている。海外で揉まれてきただけあってクロスに対するコース取りも的確だし、精神的にもタフだ。外国の審判は、なかなかファウルを取ってくれないからね。

そういう要因も影響しているのだろうが、川島は独特な存在感も持ち合わせている。たしかにどのGKも、所属チームでは強いリーダーシップを発揮している。GKというポジションは統率力がなければ務まらない。でも川島はライバルよりも、さらに大きな存在感を発揮できる。

とにかく実に様々な個性と特徴、そしてプレースタイルを持ったGKがいるのは驚きだったよ。こういう状況は、代表チームにとってとても望ましいことだと思う。今、名前を挙げた以外にも、櫛引（政敏）や六反（勇治）といった優れた人材もいるわけだしね」

――では逆に、日本人GKについて気になった点や課題はありましたか？

「いや、一律に日本人GKの問題云々というテーマを語ることはできないと思う。これだけいろんなタイプのGKがいる以上、抱えている課題もそれぞれ違ってくるからだ。

西川を例に取って説明しよう。

僕は彼のプレースタイルがすごく好きだ。でも、あれほどの選手でもさらに能力を伸ばしていける余地はある。そのひとつはダイブだ。毎回というわけではないにせよ、西川は真横にではなく、少し斜め後ろの方向に飛んでしまう癖があるように思う。

逆に林のほうは、キックの精度を高めていくことが目標のひとつになっているし、東口はプレーの幅を広げれば、もっと才能を伸ばしていける。東口には『もっとチャレンジしてもいいんじゃないか？』と、代表合宿でアドバイスをしたこともあるんだ。

実際、僕が代表のGKコーチ時代にやったのは、各選手の特性を見きわめた上で、さらに能力を上げるために個別にアドバイスを与えることだった。コーディネーション、アジリティ、スピード、ゴールエリア内での状況判断、フィード、プレースタイル、ありとあらゆる面でね」

——元代表監督のイビチャ・オシムは、GKは日本代表にとって、最大のウィークポイントのひとつになっていると指摘したことがあります。同じような印象は持たなかったと？

「その手の意見には賛成できないな。

むしろ日本代表にとっての最大の問題は、得点力不足だと思う。それはW杯ブラジル大会のことを考えてみればすぐにわかる。

たしかにGKも小さなミスをしたが、コートジボワール、ギリシャ、そしてコロンビアから1勝も挙げることができなかったのは、守備力ではなく攻撃力のなさが原因だ。ギリシャ戦などは、たとえ1点でも決めていれば勝つことができたはずだ。

さらに言うなら、GKの問題を単体で論じるのも正しくないと思う。

日本のサッカー関係者は、GKやDFのレベルが高くないとか、MFはレベルが高いと指摘するかもしれない。だがGKの育成は、チーム全体をいかに強化していくかという視点から論じられるべきテーマだと思う。その意味でも、GKだけがことさら問題だという見方にはまったく賛成できない。

僕に言わせれば、日本人GKは十分に世界レベルに達している。日本人GKのヨーロッパ組は少ないけれど、最大の原因になっているのは外国人枠の問題だ。スキルや能力の点で、ヨーロッパで通用する人材はたくさんいる」

——日本人GKに関しては、身体のサイズがネックになるという見方もありますが。

「いや、その意見も説得力に欠けるよ。さっきも言ったように、日本のサッカー界にも十分に上背のあるＧＫがいるわけだから。

正直な話、僕も日本に来るまでは、日本人ＧＫは小柄なタイプが多いのだろうと思っていた。でも現実はまるで違っていた。これも僕にとっては驚きだったよ（笑）」

強豪国に近づくためのカギは人材育成

――とはいえ日本人ＧＫが世界で戦っていくためには、なんらかの「武器」が必要になります。ヨーロッパのＧＫと比べた場合、日本人ＧＫのストロングポイントは、どのような要素になると思いますか？


「この問題も一口には語れないと思う。選手ごとにタイプが異なるからだ。

僕に言わせれば、身体のサイズや能力、総合的なバランスという点でヨーロッパのＧＫに最も近いのは林だ。そして次が西川になる。

ただし西川がヨーロッパ的だという意味は、林とはまるで違う。西川の場合はサイズや総合的なバランスというよりも、足元の技術の高さやキックの精度、積極的に前に出て行くプレースタイルの点で、世界基準に肩を並べている。

それに、そもそもの話をすれば、ヨーロッパのサッカー界ですら、国単位でＧＫの特徴を論じるのは難しくなってきた。１００人のＧＫコーチがいれば１００通りの教え方があるわけだし、ＧＫのプレースタイルや戦術そのものが、国境の壁を越えて融合してきているからね」

――おっしゃっていることはよくわかります。でもヨーロッパの強豪国には、独自の伝統やゴールキーピングのスタイルがあるような印象も受けます。

「たしかに昔は、そういう考え方がされていたと思う。

スペインのＧＫは小柄な代わりに動きが速く、ダイビング、アジリティ、スキルに秀でている。ドイツは、岩のようにゴール前に立ちはだかるタイプ。かつてのハラルト・シューマッハーのようにね。

そしてイタリア。イタリア人ＧＫは長身で、プレイヤーとしての完成度がきわめて高い。そしてルックスもいい。真面目な話、ルックスもＧＫにとっては重要な要素なんだ。オーラや独特の存在感、安心感を与えるためにね」

――自分を〝らしく〟見せることも大切だと。

「そう。日本ではあまり知られていないけど、ベルギーも優秀なＧＫを送り出してきた国だ。ジャン＝マリー・プファフ、ミシェル・プロドームといった面々は、テクニックのレベルも実に高かった。そして旧ソ連。あの国からは身体が大きくて、ロボットのように冷静沈着なＧＫが登場してきた。

かつてはどの国にも、その国を象徴するような名ＧＫがいたんだ。唯一の例外はイングランドぐらいだと思う。残念ながらイングランドのＧＫは、あまり評価されてこなかった」

――昔はピーター・シルトンのようなＧＫもいたんですけどね（苦笑）。

「イングランドはともかく、最近は各国の事情が明らかに違ってきている。

スペインは足元の技術が高いＧＫを送り出し続けているが、セルヒオ・リコのような長身の選手も頭角を現してきた。一方のドイツからは、ペナルティエリアの中だけで勝負するのではなく、マヌエル・ノイアーのように前に出てプレーするスウィーパー・キーパー、そしてテア・シュテーゲンやＰＳＧのケヴィン・トラップのような、新しいタイプが育ってきている。世代が変わった結果、昔の枠組みでは括りきれなくなってきているんだ」

――あなた自身は子どもの頃、誰に憧れていましたか？

「一番参考にしていたのは、イタリアのＧＫだったと思う。ディノ・ゾフ、ワルテル・ゼンガ、ジャンルカ・パリューカ。スペイン代表なら、ルイス・アルコナーダ。

僕はさらにその一世代前、ホセ・アンヘル・イリバルも好きだった。国は違うけど、若い頃は、ピーター・シュマイケルにも、相当憧れたよ」

——ヨーロッパのサッカー界が、それほど優れたGKを育成できるのはなぜでしょう？

「やはり指導者も含めた、人材の育成に力を入れているからだと思う。

僕はマドリードでコーチングライセンスを取得したけど、講習会ではGK専門のコースも設けられていた。ゴールキーピングの歴史や基本的なテクニック、若い選手にどう接するかといったテーマはもちろん、ジャン・ルイジ・ブッフォンのように世界トップクラスのGKを講師に招いて、具体的なノウハウも吸収できるようになっていた。

あの内容は、まさに目から鱗が落ちる思いだったよ。

講習を受け始める前は、ゴールキーピングについて知らないことなんてないと思っていたけど、得たものは本当に大きかった。しかも、こういう密度の濃い教育を、スペイン中からやってきた他の指導者も学んでいくんだ」

——クラブチームや指導者ごとにノウハウは異なるとしても、基本的なガイドラインは、協会側が策定していると。

「そう。協会、代表チーム、各クラブは独自に活動していても、ジュニアやユースに関しては、同じ方針の指導が受けられるようになっている。これが次の世代を育成するベースになっていくんだ」

足りない〝素材〟の絶対数

――翻って日本の場合はどうでしょう？　私は様々な日本人ＧＫに取材をしていますが、独学で苦労しながら学んだ選手は少なくありません。

また日本の場合は、ヨーロッパ系のノウハウと南米系のノウハウ、そして日本独自のノウハウが入り混じっている。日本サッカー界全体として、確固たる指針がまだ確立されていないような印象を受けます。

「昔はそうだったのかもしれない。でも流れは変わってきているはずだ。

現に日本協会（ＪＦＡ）はＧＫの育成に関しても、体系的なガイドライン作りに一生懸命に取り組んでいる。最近では、ＧＫだけを招いた合宿なども行われるようになっただろう？　こういう努力を続けていくのが大切なんだよ。

僕がこのサッカースクール（ＦＣ市川ガナーズ）に、テクニカル・ディレクターとして携わるようになったのも、同じ思いからさ。幸野健一（同スクール代表）さんは、日本のサッカー界を育成レベルから改革したいという情熱を抱いていたし、僕もなんとかこの国のサッカーに貢献したいと願っていた。ＪＦＡの新たな取り組み同様、このスクールは日本のサッカー界全体を変えていく土台のひとつになると思う」

――このスクールの子どもたちは、非常に幸せだと思います。あなたのような世界トップクラスの指導者から直接学べるわけですから。でも地方では、なかなかそうはいかない。

「君の指摘は正しいよ。日本の場合、問題はもっと深いところにもあると思う。たとえばスペインでは、ＧＫの育成だけに特化したトレーニングキャンプが、いろんな地域で何度も開催される。

でも日本の場合は、なかなか同じ状況にはならない。日本の場合は、ＧＫになろうとする子どもの数自体が圧倒的に少ないからだ。それは子どもたちが遊びでサッカーをしているのを見てもわかる。スペインではＧＫをやろうとする子どもがたくさんいるのに、日本ははほとんどいない」

――純粋にＧＫの数自体が少ないと。

「そう。だからＧＫコーチは、ＧＫをやりたいと思う子どもたちを探すところから始めなければならない。GKは難しいポジションだと思われているのかもしれないが、まずは子どもたちがGKに対して抱いているイメージ、カルチャーの部分から少しずつ変えていく必要があるんだ」

——日本人GKコーチの指導内容についてはいかがですか？　日本でしか通用しないような指導が行われているケースを目にしたことは？

「代表コーチ時代は、クラブチームのトレーニングを見に行ったこともあるし、Jリーグの試合にも頻繁に足を運んでスカウティングをした。

そういう経験を踏まえて言うと、試合前のウォーミングアップの仕方が、少しばかりクラシカルだなと感じたケースはあったね。ウォーミングアップは大切だけど、試合前の練習にあまりに時間をかけてしまうと、その分だけエネルギーやパワーを試合に注ぎ込めなくなってしまうんだ。

でも僕は、他のコーチの指導法について口を挟むつもりはまったくない。人によってゴールキーピングの哲学は違うわけだし、自分たちがやってきたことは正しいんだと信じて試合に臨むのが大切だからね。

それにトレーニングの方法にしても、ゴールキーピングのスタイルにしても、僕はかなり進んだ考え方をするタイプの指導者だから、日本の一般的な指導者と、メソッドの捉え方が違ってくるのは仕方ないと思う」

代表チームのスタイル確立は万国共通のテーマ

——GKを軸に考えた場合、日本サッカーが飛躍するために鍵となるのは、どのような要素でしょうか？

「前に述べたように、日本にはありとあらゆるタイプのGKがいる。でもチーム全体として見た場合には、やはりいかに後ろから組み立てて、速いコンビネーションを展開し、組織的にチャンスを作っていくかが鍵になる。その中でGKが果たすべき役割はきわめて大きいと思う」

——でもですよ、組織的なプレーや縦方向に速い攻撃といった要素は、日本以外のすべての国も目指している。これは球際の強さに関しても然りです。日本が世界に勝つためには、どこかで自分たち独自のスタイルを確立して、差別化を図らなければなりません。

「ポイントは2つあると思う。

まずは代表チームと各クラブチームのスタイルを、どう融合させるか。僕は浦和や川崎、広島が実践しているようなスタイルが好きだけど、代表チームの場合、戦い方や戦術は必然的に変わってきてしまう。2ヵ月に一度しか活動できないわけだからね。

代表チームのプレースタイルや戦術をいかに策定するかという問題は、どの国にとっても永遠のテーマになっている。とりわけGKに関しては、プレースタイルやGK戦術を微妙に変えなければならない場合も出てくる。西川のケースなどは象徴的だと思う。

2つ目のポイントは、リスクマネージメントだ。

日本は非常に組織的なプレーをするが、慎重になり過ぎるあまりに、せっかく訪れた得点のチャンスを、自らふいにしてしまうパターンが少なくないような気がする」

——組織プレーに対する意識の高さが、裏目に出てしまうと。

「それでは日本が拠りどころとすべき要素、クイックなコンビネーションで仕掛けていくこと自体が難しくなってしまう。

君が指摘したように、今はどのチームもとても組織的なプレーを展開するし、戦術の浸透度も高い。その点では、戦い方に極端な差はないと言っていい。だからこそ、試合の流れの中でチャンスが来たと判断したときには、積極的にリスクを冒して勝負をかけていく必要があるんだ。

試合に勝つためには、リスクを管理していくことも、もちろん大切になる。でもリスクマネージメントは、ボールを奪われたときにどう対応するかという『プランB』を用意しておけば問題にならない。ゴールキーピング同様、究極的にはいかに勇気を出して積極的に判断していけるかが、試合の明暗を分けるんだ。ある意味、こういうメンタルの要素は、テクニックや戦術よりも重要だと思う」

――その種のリスクマネージメントは、GKにとって最も難しい作業になるのではないでしょうか？

「そう。GKは最後の壁としてゴールを守らなければならないし、どんなに積極的にプレーしても、一度ミスをしてしまえば終わってしまう。

現にGKはピッチ上にいる11人の選手の中で、90分間常に集中していなければならない唯一のポジションにもなっている。相手がボールを持ったときはもちろん、味方が攻めているときでも常にピッチ上のあらゆるポジションに目を配り、試合の流れを読み続けなければならないからね。

実際、僕が現役の頃は、自分たちが楽に勝った試合でも、試合が終わるたびに疲れ切って、頭が痛くなったのを覚えている。90分間、ひたすら集中して考え続けるからさ」

――大変な仕事ですね。でも、だからこそGKは面白いと。

「そう。GKは特別なポジションだし、極論すれば一人で試合をしているようなものだと思う。でもそこが何よりも楽しいんだ」

――日本人GKも、世界の大舞台で、あなたと同じような体験が早くできるようになるといいですね。

「その日は必ずやってくるよ。

今、現役で活躍している日本人のGKには、ヨーロッパのクラブチームですぐにでもプレーできる選手が何人もいる。それに僕たちは、次の世代の育成にも、こうして取り組み始めているわけだから」

＊

「自分たちの戦い方」を見出すのが日本サッカーの課題だとするなら、GKに関しても「日本型モデル」を確立し、統一的なモデルを指針に据えるべきではないか。

この一大テーマに対して、非常に有意な提言を行ってくれたのが、元日本代表ＧＫコーチのリカルド・ロペスである。

もともと彼は、バリャドリードやオサスナなどラ・リーガの名門クラブを渡り歩き、ＵＥＦＡカップでも活躍。さらにはマンチェスター・ユナイテッドやスペイン代表でもプレーした実績を誇る。かくしてハビエル・アギーレ監督時代に、日本代表のコーチングスタッフに招かれる形になったが、彼がまず指摘したのは、ＧＫの強化や育成を進めていく際に、特定のモデルに収斂させていこうとするアプローチの不毛だった。

それどころか彼は、日本のサッカー界に様々なプレースタイルを持つＧＫや、各種のセオリーが併存している状況をきわめて好意的に捉えていた。多様性は代表チームにとってプラスになるはずだと指摘しつつ、日本人ＧＫのレベルは、世界の基準と比べても低いわけではないとさえ断言している。日本人ＧＫのレベルアップが急務だとする意見が多い中、ロペスは真っ向から異を唱えた。

これは彼が親日家だからでも、日本サッカーに対する思い入れが強いからでもない。

海外の他の識者と意見を異にするのは、数多いるＧＫをステレオタイプ的に論じることの危険性を熟知しているからに他ならない。さらにロペスは、日本におけるＧＫ論議が単体としてのGK論に偏りがちになる――チーム全体との関連性という視点が、ともすれば欠如する傾向にあることも見抜いていた。このインタビューを読まれて、「GKは日本代表のウィークポイントではない。むしろ最大の問題は得点力不足だ」という単刀直入にして、反論しようのない指摘に、改めて頷かれた方も多いのではないだろうか。

ただしロペスは、複眼的にGKを論じる必要性を説いた上で、より本質的な課題も日本サッカーに突きつけている。

Jリーグの各クラブが独自のスタイルを確立していく中で、代表チームといかに戦術を摺り合わせていくのか。あるいはゲームプランに則り、組織的なサッカーを展開していこうとする意識が、逆に最大の武器であるはずのスピーディーな展開を妨げる要因にもなっているのではないか。これらの主張はきわめて示唆に富む。

マインドセットの在り方が、最も問われるのがGKというポジションであることは繰り返すまでもない。その意味においても日本サッカーの躍進の鍵を握っているのは、やはり本書で扱っているような、寡黙にして雄弁な守護神たちなのである。

R I C A R D O　L O P E Z

1971年12月30日、スペイン出身。現役時代はアトレティコ・マドリー、レアル・バリャドリード、マンチェスター・ユナイテッド、オサスナなどでプレー。引退後は指導者の道に進み、2014年7月から2年間、日本代表のGKコーチを務めた。現在はFC市川ガナーズのクラブ・アドバイザーを務める。

11 EIJI KAWASHIMA

「日本人の良さだけですべてをカバーするのは限界がある」

目指すべきは"国際基準の日本化"

川島永嗣

2010年の南アフリカ大会から2018年のロシア大会までの3大会、W杯の全試合で日本のゴールマウスを守り、ヨーロッパでも長く活躍。川島永嗣は現役日本人GKの中で、頂点に立つ選手の一人である。本インタビューは、W杯ロシア大会直後に実施。川島は自らが臨んだ試合の全容と激闘を終えた心境、そして自分が置かれた立場を率直に吐露している。さらには2時間を超えるインタビューでは、大会で目の当たりにした世界の進化と、世界における日本人GKの立ち位置、日本において最も欠落している要素にも踏み込んだ発言を行った。日本サッカーを支えてきた者のみが語り得る「日本人GKの国際的な日本化」とは何か。

（取材日：2018年7月16日）

批判にさらされ続けたロシアW杯

――まずW杯ロシア大会の感想から、聞かせていただけますか。

「大会前にいろいろなことがあったので、結果的に良い形で終われたのは、日本サッカー全体にとってすごく良かったと思います。でも、それはあくまでもチームが一丸となって得た結果だし、簡単な作業ではなかったですね」

――実際、西野朗監督になってからは、チームのプレースタイルがかなり変わりました。攻撃に関しては、もう少しボールをキープしていく、あるいはフレキシブルに対応していこうと、選手と監督が議論をしたことが奏功したと報じられています。守備に関してはどうでしょうか？ ラインの引き方や役割の受け渡しなどで、アプローチが変わった部分はあったのでしょうか？

「どういうふうにプレッシャーをかけていくかとか、できるだけ90分間引いて守るだけにならないようにするというのは、多く議論をしてきたと思います。そのあたりは実際の大会期間中も、だいぶ議論されたと思いますね」

――GKコーチも実際に変わったわけですが、その影響はありましたか?

「もともと代表の中にいるGKコーチでしたし、守り方に関しては、そこまで大きな変化はなかったと思います」

――どちらかと言うと、継続性のほうが高かった?

「とはいえ、チームというのは監督やスタッフが変わった場合、すぐにすべてが機能し始めるものではないですから。そういう意味では、よくこの短期間でいろいろなことがうまく回っていったと思います。

ただしグループリーグを突破して、日本サッカーが成し遂げたことがないことを達成しようという決意は、僕たち選手の心の中では一度もぶれなかった。

おそらく周囲の期待値と僕たち選手が目指していた目標には、どちらにしても差があったと思います。(世間を)見返してやろうじゃないですけど、様々なことが言われていたからこそ、結果を出すんだという気持ちも働いたのかなという感じがしますね」

個々のレベルで見るならば、気持ちの強さを最も持ち続けた選手の一人が川島だったのは間違いない。大会期間中、川島はメディアの批判に幾度となくさらされている。しかも批判の多くは、客観性を欠くものだったと言わざるを得ない。

だが川島は毅然として記者会見に登場し、ピッチにも立ち続けた。

——川島選手ご自身のプレーについては、どのように振り返られますか?

「基本的に新しい体制になってからは、自分のパフォーマンスが良かったとは思っていないんです。だから大会前の自分のパフォーマンスが、そういう見方を招いてしまった部分もあると思います。スイス戦やガーナ戦のパフォーマンスが普通だったら、あそこまで言われることもなかったでしょうし。

GKというポジションは失点と常に隣り合わせだし、相手に点を取られれば、どのみちGKのせいだと言われてしまう。それは当たり前のことだし、このポジションを選んだ人間の人生の一部だと思っています。

ただし相手に点を取られたからと言って、GKが必ずしもベストなプレーをしていなかったとは限らない。そこはまったく次元の違う話であって、プレーの良し悪しを判断するのは、あくまでも自分の内面的な基準になる。何が本当のミスで、何がミスではなかったかはきちんと把握できています」

――川島選手が定めている「基準」とは？

「自分の場合は試合の中で、最適なプレーを選択できたかどうかを指標にしています。さらに言えば、自分が単純にミスをしたのか、あるいは勇気を持ってトライした結果として、ミスが起きたのかも考えなければならない。

人間である以上ミスは必ず起きるし、自分がトライした結果としてミスが起きたのであれば、そこは修正していく必要がある。ただし自分が最善を尽くし、ベストなプレーを選択した上でも、どうしても失点を避けられなかったのであれば、気持ちを切り替えていくしかない。GKには『ミス』という言葉だけで、簡単に片付けられない部分もあるんです」

ミスが起こった後に何ができるか

初戦のコロンビア戦、前半39分にフリーキックから同点に追いつかれたシーンには、GKというポジションの難しさ、そしてGKを評価する基準の難しさが集約されていた。

そもそもチーム戦術の観点から述べれば、GKは壁の裏側ではなく、オープンスペースをケアするのが鉄則になる。ましてや日本代表では、フリーキックの際に下を抜かれないように、壁を作った選手はジャンプをしないようにするというのが、事前の了解事項になっていたとされる。その意味でも、川島の非ばかりが問われるべき場面ではなかった。

ただし川島は、最後の最後まで必死のセーブを試みた。瞬時に反応し、ギリギリのところまで腕を伸ばしてボールに触れただけでなく、すぐにボールをかき出すと、審判にラインは越えていなかったとアピールしている。

――コロンビア戦のフリーキック、ご自身ではどう振り返られますか？

「あの場面では、ボールが壁を抜けてきた時点で、ゴールに入ってしまうことがわかりました。ましてや僕は壁の右側に立っていたし、ボールは完全にゴール左隅に向かっていく軌道になっていましたから。

僕としては、それでもなんとかして失点を防ぎたい。かと言って普通に真横に跳んだのでは、どう考えてもタイミングが間に合わない。ボールに触ることすらできないのは、明らかだったんです。

だから僕は、ゴールライン・テクノロジーのビデオ判定でなんとかセーフになるようなレベルでもいいから、ボールをギリギリのところでゴールライン上に残すためのプレーに賭けた。手が届くタイミングとボールのコース、ゴールラインの位置を計算した上で、あえて後方に少し角度をつけながら腕を伸ばして、全力で横に跳んだんです。
あの場面に関しては残された可能性に賭けて、最後の瞬間まで全力でトライしたというのが、僕の中での真実なんです」

誤解を避けるために断っておくと、当初、川島はコロンビア戦の失点シーンについて詳述することを少し躊躇った。嫌な場面を思い出したくないというのが理由ではない。日本代表のゴールを守る人間として、言い訳をしているような印象を与えたくないというのが本意だった。これはグループリーグの2戦目、セネガル戦でキャッチングではなくパンチングを選択した場面も然りである。

――セネガル戦の失点シーンについては、いかがでしょうか?
「あのボールが来たときには、（ペナルティエリアの中に）すでに選手がたくさんいる状態だったんです。しかも相手の選手はシュートを打てる状態で、シュートコースの角度まで確保していた。特に（サディオ・）マネは目の前にいましたから、ボールを弾くなら彼をかわせるように、遠くまでパンチングしなければと思っていました。

でも結果的にはボールが正面に向かい、ゴールを決められてしまった。それに自分の基準に従って冷静に振り返るなら、パンチングという選択は正しくなかったし、判断ミスだったと思います。

ボールがもっと強かったら、危険を回避するためにパンチングをするという選択もあったのかもしれない。でもあのシーンであれば、キャッチをするのが自分のスタンダードになる。それができなかったんです」

——セネガル戦の後、川島選手は一層批判にさらされるようになりました。実際には1、2戦を問わず、失点につながった場面よりも、チームのピンチを救った場面のほうが多かったにもかかわらずです。

でも大会期間中は、あえて批判を正面から受け止めてメディアの前に姿を現し続けた。グループリーグ3戦目のポーランド戦では、試合前日の記者会見にも西野監督と登壇されています。ワールドカップのような極限状況の中で、気持ちを切り替えていくのは大変ではなかったでしょうか?

「もちろん簡単ではなかったです。（セネガル戦で）ああいうシーンがあったのは事実だし、試合に負ける可能性もあったわけですから。

でも結果的にチームメイトに救われて、セネガル戦でも勝ち点1を取ることができた。そういう状況の中で、自分が気持ちを引きずっていたりすれば、チーム全体にとってもマイナスになってしまう。

むしろ一番大事なのは、ミスをしてしまった後にどういうリアクションができるか、次の試合で何ができるかになってくる。やはりGKの場合は、技術やフィジカル的な要素だけではなく、メンタル的な要素も重要になるんです」

――実際、3戦目のポーランド戦では、それまで批判をしていた評論家が脱帽するような、すばらしいセービングも披露しています。

前半32分、相手FWが右からのクロスに頭を合わせた場面などでは、片手一本で強烈なシュートを弾き、決勝トーナメント進出の望みをつなぎました。これも気持ちの切り替えができていたからこそ、可能になったものではないでしょうか？

「たとえば後半の早い時間にボールをカットしたシーンでは、ギリギリのところで、どれだけ攻めた判断をできるのかが問われていたと思います。ゴールを守ることだけを考えていたら、判断が遅くなっていたシーンでもあったので。

あの場面では、たしかにボールの軌道が多少、自分のほうにずれてきた面もある。でも相手の側にずれていたとしても、8割くらいの確率で自分のボールにできるようなタイミングで、前に出ることができていたと思います」

「いろんな議論があってしかるべき。ただし……」

結果、日本はグループリーグを突破し、決勝トーナメント1回戦でベルギーと対戦する。試合結果についてはご存知の通りだ。日本は原口元気と乾貴士のシュートで2-0とリード。だが同点に追いつかれ、最後は試合終了間際のカウンターから決勝点を奪われ、2-3で涙をのんだ。

ある意味、この試合は日本代表の可能性と課題が如実に現れる形になった。優勝候補の一角であるベルギーを追い詰めながら、試合の流れをコントロールし、リードを守り切ることができなかったからである。

川島絡みで特にクローズアップされたのは後半24分、ベルギーが1点目を奪い返したシーンだった。

そもそもベルギーのヤン・フェルトンゲンはシュートではなく、味方につなぐことを狙っていた。川島自身、折り返しのボールに対応できるようなポジション取りをしていたことは、映像からも容易にうかがえる。フェルトンゲンから出たのは、ある意味、GKにとって一番不幸なボールであり、失点は不可抗力に近い。

しかし川島は、この場面に関しても必要以上に釈明しようとはしなかった。

――ベルギー戦で1点を返された場面も、様々な形で取り上げられました。正直、日本における論評の基準は、グループリーグのコロンビア戦以上に疑問が残るものだったという印象を受けますが、ご自身も釈然としないものを感じられたのではないでしょうか？

「正直な話をすれば、僕はピッチ上で実際にどんなことが起きていたのかを、全員にわかってもらおうと思っていない。むしろいろんな議論があってしかるべきだし、それはそれでまったく構わないんです。

ただ僕が好ましくないと思ったのは、サッカーをやっていた人までが、正しい情報を伝えなかったことで。僕のプレーに限らず、他の選手のパフォーマンスに関しても、プロとしての経験があればわかるはずのことを、きちんと報じていただけなかったというのはすごく感じましたね」

――事実、ベルギー戦ではロメル・ルカクの強烈なヘディングシュートを防いだ場面もあります。前半終了間際、ファインセーブを連発した場面も圧巻でした。

「僕は普段、試合そのものの結果と、自分自身のパフォーマンスを分けて考えているんです。この試合に関しては、日本代表という大きな責任を背負って戦っている以上、そういう部分では、判断し切れない部分のほうが多かったと思います。

自分のプレーに関しても、結果には結びつかなかった。決勝トーナメントに入り、片方のチームしか勝ち残れないという状況の中で決定的なプレーができたかと言えば、できていなかったのではないかと思います。

それに日本代表は、試合の結果でしか判断されないのも事実。自分のパフォーマンスとは別に、チームとして3点を奪われて敗れたことに関しては、この場で釈明するつもりはないんです。日本代表のユニフォームを着るというのは、それだけ重みのあることだと思っていますから」

GKが『ゲーム・チェンジャー』として輝いたロシア大会

自分が培ってきたものは間違っていなかったという手応えと、日本サッカー界全体として世界の頂点を目指していく過程の険しさ。日本代表の戦いが終わったとき、川島の胸に去来したのはこの2つの思いではなかったか。

ちなみに川島自身は、大会全体を通じて浮かび上がったGKのトレンドに対し、どのような感想を抱いたのか。4年に一度開催されるワールドカップは、GKの方法論やプレースタイルに関しても毎回、大きな影響を及ぼしてきた。

――今回のワールドカップは、カウンターやセットプレーに注目が集まりましたが、同時にGKもスポットライトを浴びる形にもなりました。その点についてはいかがですか？

「4年前はマヌエル・ノイアーが登場して、プレーの概念を変えています。その意味でブラジル大会も、GKがフォーカスされた大会だったと思いますね。

ただし今回は違う意味で注目されたというか。最小得点差で競り合っている試合や、ゴールを守るのが非常に厳しい場面で、いかに失点を防ぐための確率を上げていくか。こういう最も本質的な部分が問われたんじゃないかな、とすごく感じるんです。

たとえばロシアのGK（イゴール・アキンフェエフ）は、このシュートを止めればスペインに勝てるというプレッシャーがかかる場面で、期待にしっかり応えてみせた。

あるいはデンマークでは、カスパー・シュマイケルが終盤のPKを防いで、試合の流れを引き戻してみせている。まさに『ゲーム・チェンジャー』というか、ゲームの流れを握るという意味で、GKがすごく存在感を発揮した大会になったのかなと」

——ゴールセービングのスタイルに関して述べれば、今大会はボックスの中でしっかりシュートを止めるプレーがクローズアップされた印象を受けます。この点については？

「一概に言うのは難しいですが、スウィーパー・キーパー的なプレーをした選手はいなかったですよね？」

——ええ、注目されませんでした。ノイアーも奮いませんでしたし。

「そういう意味でも、どんな要素がGKの本質なのかということは、多くの選手のプレーを通して実感できたと思います。

もちろん何が正しいのかはわからないし、（ボックスの中でゴールを守る）スタイルが、新たなトレンドになるというわけでもないでしょうけど」

――過去の大会では、新たに導入されたボールの特性が常に話題になってきました。ロシア大会のボールに関して、新たな傾向は感じられました？

「少なからずありましたね。今大会に関して言えば、きちんとミートしたシュートが、すごく速く飛んでくるような感覚があった。しかも濡れると滑りやすくなりましたし」

――ブレ玉に加えて、体感レベルでの速さが増したと。

「そもそもボールがブレるというのは、観客席から見ている感覚と、GK側から見る感覚がかなり違う。僕たちは、それこそ数ミリ単位でここにボールが来るだろうと予測して、そこに対応していく。だからシュートが動いて少しでも軌道がずれれば、さらにポイントが変わってきてしまうんです」

――「面」を作って対応することが、ますます重要になりますね。

「ええ。でも体重が乗っている状態でポイントをずらされると、対応するのが本当に難しくなる。かといって体重を乗せずに待っていることもできない。構える際には一瞬で体重が乗るので、軸をずらされた場合には、余計に対応するのが難しくなるんです」

――実際、今大会では、名手と呼ばれる選手がミスをする場面もありました。

スペインのダビド・デ・ヘアは、ポルトガル戦でクリスティアーノ・ロナウドのシュートをファンブルしましたし、ウルグアイのフェルナンド・ムスレラも、ロングレンジのシュートに対応し損ねている。良くも悪くも、こういう場面もまた、GKに目を向けさせる要因のひとつになった印象を受けます。

「それは両面あると思いますね。

たしかにGKはミスもしますが、プラスアルファの要素をチームにもたらしたり、結果を変えたりすることもできる。だからそういう部分も含めてトータルで、GKがクローズアップされた大会だったんじゃないのかなと思います」

――逆にデンマークのシュマイケルや、イングランドのジョーダン・ピックフォードなどは、チームが躍進する上でも大きなキーマンになりました。

「シュマイケルは、もともとすばらしい選手ですから。僕はデンマークの試合だけじゃなく、レスターでプレミアリーグの試合に出場したときのプレーも観ている。レスター・シティに練習に行った際には、一緒にトレーニングをしたこともあるんです。

ピックフォードは、すごいシンデレラストーリーですよね。プレミアでは彼のプレーをあまり観ていなかったから、なおさら驚きました。しかも彼は、イングランドのGKとしては小さいほうじゃないですか。その意味でもインパクトは大きかったと思います」

世界各国で異なるGKに求められる基準

川島は若い頃から、海外の様々なコーチに自ら積極的に指導を請うてきたことでも知られる。彼はW杯ロシア大会において、改めて目の当たりにした世界トップレベルのプレー、そして自らが日頃、ヨーロッパでしのぎを削る中で得てきた経験も踏まえた上で、世界と日本の間に横たわる彼我の差を、きわめて的確に捉えていた。

――川島選手は、日本では数少ないヨーロッパ組のGKとしてプレーされているわけですが、海外のGKと日本のGKで最も異なる部分は、どのあたりにあるとお考えですか？

「一つひとつのプレーが評価される基準でしょうね。

ヨーロッパの場合は、本当に強いシュートでも、キャッチできるボールをしっかりキャッチしなければ、その問題を指摘される。いかにセービングで失点を防いでも、見せかけのプレーをしていたら、どうして弾くのかと見抜かれてしまうんです。

これはクロスボールも同じで。できるだけカバーできる範囲を広げてチームに貢献しなければ、いくらシュートを止めていても、その先のレベルでは評価されなくなる。GKを見る基準は日本よりもはるかに厳しいし、やっぱり違いを感じますね」

――ヨーロッパ諸国の中でも、評価基準の違いはあるのでしょうか？

「ドイツは見る目が厳しいですね。今回のワールドカップに限らず、ドイツでプレーしているGKは、非常にレベルが高い印象を受けますから。

ロシア大会では全然注目されませんでしたけど、スイス代表のヤン・ゾマーも、かなりいいパフォーマンスをしていたと思いますし」

――最近ではイタリアよりも、ドイツのレベルが高いと指摘する人もいます。この点についてはいかがですか？

「あまり断定的なことは言いたくないんですけど、イタリアのGKが全体的に伸びているかと言ったら、あまりそういう感じは受けないですね。

たしかに（ジャン・ルイジ・）ブッフォンは別格ですし、ACミランではジャン・ルイジ・ドンナルンマのようなすごい若手も出てきている。でも全般的に見れば、イタリア人

GKのプレースタイルそのものが、モダンなサッカーに合わなくなってきているんじゃないのかなという気がします。

逆にドイツのGKは、モダンなサッカーにうまくはまっている。これはおそらくドイツのサッカー界全体として、方向性を考えているからでしょうね。そういう傾向は、いろいろなGKを見ていて感じますね」

――たしかにドイツはスタイルの変化が著しいですね。たとえばスウィーパー・キーパー的なプレーで注目されたノイアーよりも、足元でつないでいくテア・シュテーゲンのほうが、代表チームとの相性がいいのではないかと指摘する人さえいます。こういう意見については、どう思われますか？

「僕自身は必ずしもそういう見方をしていなくて。

プレースタイルは変わってきているにせよ、周りの人たちはそういう理論や理屈の部分を超えて、ノイアーを信頼しているわけじゃないですか。彼が試合に出ればなんとかしてくれるだろうという、安心感というか信頼感は本当に絶大なものがある。だからこそ（バイエルン・ミュンヘンでは）あれだけ実戦から離れていても、ロシア大会で起用されたんだと思います」

――ゴールキーピングの方法論に関連してですが、各国間の発想やノウハウの違いを実感されるケースは多いですか？

「ええ。それはまるで違いますから。

たとえばイタリアは、身体の使い方に関しても徹底的にトレーニングをする。こうすればもっと速く動けるとか、さらに無駄なく対応できるという理論はすごく細かいんです。

僕自身、(エルメス・)フルゴーニさんのところに行ったときは、すごく衝撃を受けました。セービングの角度もそうだし、グラウンドに倒れた状態からの立ち上がり方、あるいは立ち上がれないときの対応の仕方といったように、本当に多くのものを学ぶことができた。

しかも正しいポジションの取り方や、ボールへのアプローチの仕方を覚えていく際には、机上の理論だけに頼ったりしない。どう身体を動かせばいいかという具体的なノウハウが、練習の中にすべて組み込まれているんです。身体の使い方ひとつで、シュートの止め方も変わるというのがわかったのは、自分にとって本当に大きかったと思います。

ただしボールを受け身で待つのではなくて、ボールに向かっていく意識を持つというのは、どの国でも変わらない。それはイタリアであれベルギーであれ、あるいはフランスや

11

川島永嗣

スコットランドでも同じなんです」

——ボールにアタックするという基本的な考え方を踏まえた上で、各国ごとにトレーニングのメニューや指導方針が分かれてくると。

「ベルギーはどちらかと言うと、フィジカル的な要素が結構多かった気がしますね。こういう表現が正しいかどうかはわからないですけど、昔ながらのトレーニングとかフィジカルメソッドが、かなり残っている感じはしました。

これがスコットランドだと、シュートを1回でバシッとキャッチするのが美しいという考え方が強くて。イングランドサッカーの影響なんでしょうけど、ポジションを変えながら、シュートを確実にキャッチしていく練習をすごくやったのを覚えています」

——現在、プレーされているフランスでは？

「フランスもベルギーと同じように、フィジカル寄りのトレーニングをするんですが、練習そのものはより洗練されている感じがしますね。でも、やはりアグレッシブさはかなり求められます」

——どの国のスタイルが肌に合いました？

「正直、フランスはやりやすいし、自分のスタイルに合うのかなと思います。スコットランドはかなり勉強になったけど、なんとなく合わないのかなという感覚もありましたし」

――理由はどのあたりに？

「そもそもスコットランドのサッカーでは、キーパーチャージがほとんど取られないんです。ましてや向こうのFWは、体格ががっしりしているじゃないですか？　だからどんなにGKがリスクを負って積極的にプレーしようとしても、そもそもファウルが取られないので、前に出ていこうとする姿勢が、弱くなる部分が出てきてしまうんです」

――スコットランド流のスタイルをきわめていくと、逆に世界に通用しなくなる（笑）。

「そうなんです（笑）。リーグ戦ではいいプレーができていても、本当に高いレベルでプレーできるようになるかというと、ちょっと難しくなってきてしまうのかなと」

ボールをつなぐのではなくプレーをつなぐ

ただしプレースタイルや指導のノウハウなどは、ある意味では副次的な要素に過ぎないとも言える。事実、川島がインタビューで強調したのは、世界で戦っていくために最も問われる根本的な要素だった。

——ではスペインのGKについては、どうご覧になっていますか？

「スペインのGKというのは、ダビド・デ・ヘアのように海外でプレーしている選手ですか？　あるいは国内でプレーしている、ヤン・オブラクあたりですか？」

——どちらも含めてです。国外でプレーするスペイン人GKが増えている反面、外国人GKが、リーガで活躍するケースも増えてきていると思いますので。

「たしかに（国内でプレーしているのも）スペイン人じゃないですね。（ケイラー・）ナバスも外国人選手だし、バルサはテア・シュテーゲンが守っている。バレンシアも（ノルベルト・ムラーラ・）ネトがプレーしていて」

——ただし一般的には上背がさほどない代わりに、足元の技術が高い選手が多いとされています。日本でもスペインのGKが論じられる際には、よくこういう指摘がなされるわけですが、この印象についてはいかがでしょうか。

「僕がスペインのGK絡みで感じるのは、『足元がうまい』という基準そのものが、実は日本と違うのではないかという点ですね。

極端な言い方をすると、日本の場合は、どんな場合でも（遠くに）蹴らないでつなぐほうがいいし、スキルのレベルが高いという受け止め方が強い気がします。

でもヨーロッパの場合は、単につなぐことだけを意識しているわけじゃない。昔のファン・デル・サールとかもそうだし、今のテア・シュテーゲンなどもまさにそうですが、実際にはリスクを抑えた上で、いかに効果的なフィードをしていくかを考えている。次のプレーの確率を上げていくかを、はるかに重視している印象を受けるんです」

——日本流の解釈では、手段と目的が逆になっている。プレーをつなぐのではなく、ボールをつなぐことばかりが強調されている部分があると？

「そういう傾向がある気はします。たとえばテア・シュテーゲンも、かつてはどちらかというと、ボールをつなぐことを優先するようなタイプだった。でも彼自身、試合に出るようになり、リスクをある程度考えるようになった結果、意識の持ち方を以前と変えたというようなことをインタビューで言っていました。

結局、ボールをつないでも点を取られてしまえば意味がないし、一番大事なのは（チーム全体として）失点を防いだ上で、どうやって自分たちのゴールにつなげていくかになってくる。だから『足元の技術が高い』と簡単に括ってしまうのではなくて、その定義をきちんと詰めていく必要があるのかなと。

それに、いかにスペインのGKがうまいと言っても、細かな足元の技術だったら、日本人GKのほうが絶対に上だと思うんです。ゴールキックにしてもパントキックにしても、日本人はそれだけのものを持っていますから」

——GKは、前に出るタイプとボックスの中に留まるタイプに大別できます。セービングに関しても、反応の速さで勝負するタイプと、相手との駆け引きで勝負するタイプに分けることができるとされています。このような4分割のマトリックスで考えた場合には、ご自身はどんなタイプだと思われますか？

「それは、あまり考えたことがないですね」

——では、これまでのキャリアを振り返ったときに、自分はあのGKに憧れたり、強い影響を受けたのかもしれないと、意識されているケースはありますか？

「一人のGKに、特に影響を受けたという印象はないですね。ブッフォン選手は好きですけど、彼にものすごく影響されたとも思わないですから。

もちろん、いろんな試合を観ながら、この選手はこういう特徴がある、あの選手はああいうプレーをするんだなと感じる場面はよくあります。

でもそういうプレーを見て、自分もこうしようと思ったりするようなケースはあまりないですね。むしろ、自分は自分でいいかなという気持ちもあるので」

――プレーを研究するという話とは別に、メンタリティの部分でも、そのぐらい強い気持ちを持っていることが求められてくる。

「自分がどうしたいのか、あるいは、どういうことをやっていかなければならないかという意識は、どこに行っても求められますから。

たとえば試合前のウォーミングアップがあるじゃないですか。

フランスでも、GKコーチからはこれをやれと言われるのではなく、逆にお前がやりたいようにやっていいと任されるんです。クラブの規模にもよるとはいえ、ヨーロッパにはGKコーチがいないクラブや、選手が自分で練習メニューを考えなければならないところもある。そういう意味でも確固たる考え方や、強いパーソナリティが求められる部分があるのかなという気がしますね」

――ヨーロッパでは、選手とGKコーチが議論している場面もよく見かけますね。

「お互いを尊重するというか、むしろGKコーチと一緒に、いいものを作っていくというイメージのほうが強いのかもしれません。

だから議論をするときも、一方的に指示されることはあまりなくて。相手から『自分はこう思った』と言われたとしても、『自分は違う考え方をしていた』ときちんと議論していくのは当たり前だし、自分なりの意見がないとやっていけないですよね」

――対戦相手のスカウティングや味方のDFとの摺り合わせでも、GKが自分で率先してやらなければならないケースは多いのですか？

「チームは大体、試合の当日に対戦相手のビデオを観るんです。

でも僕はあらかじめ考えておきたいので、試合の2日前までに観るようにしている。その上で試合当日に、セットプレーの話題が出たりしたときには、相手はこうやって狙ってくるからと説明したりしますね」

――かなりやることが多いというか、負担が大きいですね。

「でも自分が言いたくなかったら、言わなければいいだけですから。

いずれにしても、ただ受け身になって周りに従っているだけだと、ヨーロッパでやっていくのは難しいのかなと。どんなプレーを目指すのかという点に関して、自分の意見や考え方をしっかり持っていることは、非常に重要だと思います」

日本人ＧＫが目指すべき「国際的な日本化」

「どんなプレーを目指すのかという点に関して、自分の意見や考え方をしっかり持つ」。川島のスタンスは、日本サッカーの未来を論じる上でもきわめて重要になる。語弊を恐れず述べれば、近年の代表論議は、この一点に集約されると言っても過言ではないからだ。ならば川島は、日本人ＧＫが進むべき道をどのように捉えているのか。

――ここからは、日本人ＧＫについて質問させてください。もともと今回の企画は、「日本人ＧＫの日本化」は可能なのか、日本人ＧＫが世界と戦っていく上で、何が最も大きな武器になるのかというテーマからスタートしました。川島選手も、同じような問題を考えられたりしますか？

「日本人ＧＫの日本化という定義は何ですか？」

――「日本人ＧＫの日本化」という問題意識は、イビチャ・オシムが提唱した「日本サッカーの日本化」という指針に基づいています。

オシムは、日本人選手の特性であるアジリティやスプリント、スタミナ、組織性、連動性、そしてチームプレーに徹する姿勢を最大限に伸ばしていくことで、サイズやパワーで上回る外国人選手に対抗しようとしました。

この方法論は、フィールドプレイヤーに関してはある程度当てはまりますが、GKの場合は他のどのポジションにも増して身体のサイズが物を言う。しかもDFと連動性を高めていくにしても、やはりMFやFWなどに比べれば、オプションは少なくなってしまうのが実情です。

ならば日本人GKは、どうやって世界と対抗していけばいいのか。そもそも日本人の持ち味を、どうやって発揮していくべきなのでしょうか？

「僕に言わせれば、『日本人GKの国際的な日本化』こそが、ポイントになるんじゃないかと思いますね。

まず日本人GKが持っているアジリティや（ゴールキーピングの）繊細さは、やはり海外の選手にはない特徴なんです。日本人と同じような繊細なキーピングができるのは、世界でも本当にトップの中のトップしかいませんから。さっきもキックのテクニックに関して話をしましたけど、ステップの練習をやらせても、絶対僕らのほうが速いんです。

ただし残念ながら、日本人選手の場合はGKに一番必要な部分、体格やフィジカルなどの要素が欠けやすい。そこは絶対に避けて通れないんです」

――繊細さなどが、一番発揮しにくいポジションということですよね。

「だからこそ日本のGKは、自分が持っている特徴を世界レベルで確実に発揮できるようにしなければならない。6割ぐらいのプレー強度で練習をしているときに完璧なキャッチングができても、プレー強度が8割や9割に上がった場合に同じようなキャッチができなければ、世界では絶対に戦えないですから。

言葉を換えれば、繊細さやアジリティ、組織性といった日本人の良さだけですべてをカバーしようとする発想は限界があるし、フィジカル的な部分も考えていかなければならない。そこにチャレンジしていかなかったら、本当の意味で『日本人GKの日本化』は実現できないのではないかなと思いますね」

フィジカル面での差を埋めることはできるのか。こう尋ねると、川島は「もちろん」と言い切りながら、具体例を挙げてくれた。

「実際問題、日本人選手は体格が良くないと言われますけど、（イケル・）カシージャスは183センチだし、ナバスは185センチ、イングランドのピックフォードも185センチしかない。シュマイケルや（ギジェルモ・）オチョアも、僕より身長が低いですから。そう考えれば、日本人GKは体格やフィジカルの面で、もともと決定的に不利なわけでもないんです。

ただし彼らは、生まれつき持っているパワーや身体能力に優れている。さらに言えば、より質の高いGK文化の中で育ってきたというアドバンテージもある。

でも、パワーや身体能力といった要素の基準を上げることは、日本人GKでも絶対に可能だと思うんです」

――平均身長そのものが急に伸びることはあり得ないとしても、フィジカルな部分を高めていく素地はあると。

「もちろん。だからと言って体格やフィジカルの部分で真っ向勝負するのも、やはり現実的ではない。あくまで勝負をするのは、プレーの繊細さやアジリティ、連動性の高さといった部分を武器にしていったほうがいい。それを活かすためにこそ、フィジカルな部分も高めていくことが大切になるんです。

これはまさに日本人ＧＫがずっと抱えてきた根本的な課題だし、僕に言わせれば、世界レベルの戦いの中で日本の持ち味や特徴を発揮できるようにするのが、『日本人ＧＫの日本化』を図る鍵になると思いますね。

さっきも言ったように、フィジカル的な部分でチャレンジしつつ、最後は繊細さやアジリティといった部分で勝負をかけていく。両面からアプローチしていかなければ、従来の日本人ＧＫという枠を超える選手は、なかなか出てこないんじゃないかと」

ＧＫは孤独に本質を突き詰めていくポジション

日本のサッカー関係者の間では、ゴールキーピングのノウハウに関しても、確固たる指針が確立されていないのではないかということが、たびたび指摘されてきた。川島はこの問題に対しても、自らの経験を土台に裏打ちされた独自の捉え方をしていた。

――たとえば指導のレベルでは、南米系のノウハウとヨーロッパ系のノウハウ、そして部活などで独自に育まれてきた日本独自のノウハウが混在する形になっているのが実情です。『日本人GKの日本化』を図る上では、これもまた乗り越えていかなければならない壁だと思いますが、解決策はあるのでしょうか？

「実際、チームごとに体制はすべて違うじゃないですか。南米系の監督やコーチを招くところもあれば、ヨーロッパの人間が指導をしているところもある。しかも選手の側は指導者を選べないし、協会がクラブ側に口を挟める問題でもない。

ただ、どういうふうな指導や育成をしていけば、もっと世界と戦えるような日本人GKが出てくるのかという視点でトライをしていかないと、ベースとなるものはできあがらないのも事実で。ブラジルのスタイルは何がいいのか、ヨーロッパのアプローチはどこがいいのか、それを踏まえた上で、日本人は何がいいのかを全員で理解していく必要がある。残念ながら今の時点では、その理解があまり共有されていない気がしますね」

――判断基準自体が、まだ定かではないと。

「その基準を明確に示していかないと、評価する指針自体がわからないということになるので、もっとはっきり決めていってもいいんじゃないのかなと思います」

――日本の場合は、GKコーチ自体が少ないという問題にも悩まされてきました。これも明確なノウハウや評価基準を普及させる上で、ネックとなってきたとされていますが。

「そこをどう捉えるかは難しいところですね。

たしかにＧＫコーチが増えれば、明確な基準を作って、レベルを上げていく可能性も増えていくかもしれない。日本サッカー界としても、もちろん長期的にはそういう方向性を目指していくべきだと思います。

ただし、その段階に到達するにはまだ時間がかかるし、トップクラスの指導者をすぐに配置しましたという状況にもすぐにはならない。それを考えた場合には、あえて変なことを教わらないほうがいいのかなという気もします。

これは完全に個人的な意見なんですが、むしろ子どもの頃から頭でしっかり考える癖をつけて、シュートを止めるための本質的なノウハウを自分の身体を通して身に付けていったほうが、いいＧＫは生まれると思うんです。

僕自身、高校生になるまではＧＫコーチがいるわけでもなかったですしね。トレセンに呼ばれたときは別ですが、普段は一人でひたすら練習していましたから。

たしかにペナルティエリアのところに丸を書いて、その枠のところにポジションを取るというやり方は聞いたりしていましたけど、基本的にはシュートを止めたいという思いだけで、毎日ボールに食らいついていた。それに子どもの場合は、変な理論を与えたりすると、良くない癖がついていったりする可能性も出てきてしまう。だったら自分で考えていったほうがいいと思いますね」

――考える癖をつけていくことこそが、最も重要な指針になると。

「そこは大事だと思います。自分に何ができていて、何ができていないのか、どうやったらうまくなれるのかということを、自分自身が考えていかないと。

もともとＧＫは孤独なポジションだし、最後は自分で考えて、自分で感じなければいけないことが多い。だからこそ、何がベストなのかと物事を突き詰めて考えたり、うまくなるために前向きにトライしていく癖をつけることが大事になる。本質を突き詰めていく大切さは小学生だろうが、今の自分だろうが、まったく変わらないと思います」

日本独自のＧＫ文化を作り上げる

――関連してお尋ねします。今回の一連の取材では、育成レベルだけではなくＪリーグにおいても、若手の押し上げが少ないのではないかということが、何度か話題に上りました。

この点についてはいかがですか？

「今回の代表チームでは、僕がいてヒガ（東口順昭）がいて、若い（中村）航輔もいるという形になりましたが、やはりどうやって新しい世代を育てていくかは重要でしょうね。

たとえば海外の場合は、若手でもポテンシャルがあるＧＫがいたら、無理をしてでも使い続けようとする。そしてある時点で、その選手が一気に大化けしたりするんです」

――Ｊリーグの場合は、なかなか辛抱しきれないですね。

たしかに勝負がかかっている以上、やむを得ない部分があるにしても、外国人ＧＫを手っ取り早く呼んできてしまったりする。

「仮に日本人の若手が起用された場合でも、日本ではすぐに持て囃されてしまうじゃないですか。こういう環境も、逆に若手が伸び悩んでいく要因になっている可能性があるのかなと思いますね。もちろん最後は本人次第ですが、実力が伴っていないうちに周りからちやほやされたりするのは、弊害のほうが大きいですから」

――そこは難しい問題ですね。そもそも日本は小さな島国ですから、閉じられた社会の中ですぐに誰かにスポットライトを当ててヒーローを作りだし、興業を盛り上げていかなければならない部分もある。

このジレンマは、どうやって解消していけばいいのでしょうか？　ＧＫに対する注目度を上げつつ、地に足のついた選手を育成していく妙案はあるでしょうか？

「僕はプレーで見せていくしかないと思いますね。そもそも言葉で説明したからといって、わかってもらえるものでないし、自分のプレーを通して本物に触れてもらうしかない。これはちょうど自分が子どもの頃、松永（成立）さんや（川口）能活さん、あるいはナラさん（楢﨑正剛）を見ながら育ったのと同じなんです。

ましてや日本の場合は、ＧＫの文化自体がないじゃないですか？　ＧＫ文化というのは1日にしてできるものではないし、長い時間をかけて何世代も経ながら、育まれ、築かれていくものなんです。

だから今、代表やＪリーグで活動しているＧＫは、自分が日本のＧＫ文化を作り上げる役割を担っているという意識を持つべきだし、そのために何ができるのかを真剣に考えて、葛藤しなければいけない。

文化というのは理屈じゃない。様々な試行錯誤を通して受け継がれたものだけが未来に残っていく。それがさっき言ったような、『基準』にもつながっていくんです」

「こんなに楽しいポジションはない」

日本独自のGK文化を築き上げていく。川島は当然、その一翼を担うことになる。ならば彼はどうしてGKというポジションに魅了されたのか。最後に、その尽きせぬ情熱の源について尋ねた。

――そもそも川島選手の場合は、どうしてGKになったのですか？

「子どもの頃から、それしか考えなかったですね」

――FWでもなく10番でもなく、最初からゴールを守りたいと。

「ええ。思っていました」

――GKに憧れるようなきっかけがあったのでしょうか？

「友達とサッカーをやり始めた頃には、もうそういう感じでしたね。小学校の頃のチームは逆にGK以外のポジションの選手が足りなくて、フィールドをやることのほうが多かったんですが、僕自身はいつもGKをやりたいと思っていましたから」

11
川島永嗣

――他のＧＫの方々と比べても、かなり珍しいケースですね。ましてや小学校の頃は、ＧＫはボールが当たって痛いし、ゴールも決められないということで、敬遠される傾向が強いのが実情です。

「むしろ僕に言わせれば、こんなに楽しいポジションはないと思いますけどね。ハードなポジションかもしれないけど、やはりシュートを止めたときのある意味での美しさとか、練習で１００本のシュートを止めるトレーニングをしても、それが試合で１回出るか出ないかというプレーの重さであるとかは、ＧＫにしか体験できない。

それにＧＫはセーブでチームも救えるし、試合も変えられる。何よりも単純に見ていて、面白いポジションだと思いますしね」

――小さい頃から、練習通りのセービングができたときに、一種の達成感を覚えるケースが多かったのでしょうか？

「自分の場合はシュートを決める楽しさよりも、シュートを止める優越感のほうがどう考えても強かったですね。ＦＷをやってシュートを決めれば、うわーっと気持ちが高まるけれど、僕にとっては、本当に充実感が湧き上がるような喜びじゃないんです。

それよりもコンクリートの上でも横に飛んでシュートを止めたときに、友だちが驚く顔を見るほうが嬉しかったですし」

——そういう喜びを、子どもの頃から感じていたというのは示唆的ですね。

たとえば陶芸の職人さんは、100個の作品を作って99個がだめでも、1個完璧な作品ができれば、すべて報われるというようなことを言いますが、それに近いものがあるような印象を受けます。

「本当にそうですね。練習で何本止めても意味がないし。それこそ99本止めたからといって、試合中の1本が止められるわけでもない。でも、その1本のために99本があるわけで」

——かなり前向きな考え方をしていかないとできないというか。心が折れたり、あまりにも日が当たらないということで、挫折したりするケースは少なくありません。

「それも結構、GK文化に関連しているのかもしれませんよね。

向こうの若いGKは意外に落ち着いているんです。ミスをしたり、あまりうまくいかなかったりしても、どっしりと構えている。おそらく彼らにしてみれば、自分はまだ若くて経験も浅い。わからないこともたくさんあるのだから、ミスをするのはしょうがないと割り切っている部分もあると思うんですね。

そういうメンタリティが浸透しているのもひとつの文化だと言えるし、だからこそときどき、とてつもない若いGKが出てきたりするんでしょうね」

――その部分も、日本のサッカー界に一番欠けている部分かもしれないですね。日本の選手は非常に真面目なだけに、必要以上にプレッシャーを抱え込んでしまいがちになる。

「実際、GKは常に批判されるじゃないですか。でもこれはGKの人生だし、もう変えられないんです。そういうものだから仕方がない」

――川島選手の場合は、そういう部分まで含めて一人のGKとして生きていくことを、きわめて前向きに捉えている印象を受けるのですが。

「ええ。僕はすべてを賭けていますから」

――では毎日の生活でも、暇さえあれば、ずっとゴールキーピングのことを考えているようなタイプですか？

「夜10時以降は考えないようにしています」

――それは気持ちを切り替えるためですか？

「まず考えるときりがないし、それ以上に大事なのは、練習の中で自分が目指しているものの精度をどれだけ上げられるかになってくるからなんです。

たとえばある日のシュート練習で、たくさんシュートを止めたとするじゃないですか。

でもそこで満足してしまうと、自分がうまくなったという錯覚に陥ってしまう。だから次の日のシュート練習でセービングができなかったりすると、逆に今度は自分がうまくないいんじゃないのかなと思い始めてしまう。こういうケースはよくあるんです。

むしろ大切なのは、シュートを何本止めたかじゃなくて、自分の中でしっかり基準を決めて、プレーの精度を上げていくことなんです。それができて初めて、飛んできたボールをきちんと止められる可能性が増えていく。そこを追求していかないと、いつまで経っても同じ練習を繰り返していることにしかならないんです」

――今の今でも、ここを高めていきたいという目標を設定されているんですか？

「もちろん。クロスの守備範囲も広げたいし、1対1になったときにシュートを止める確率を高くしたいとも思いますね」

――上を目指す挑戦は、まだまだ終わりがないんですね。

「これはどのGKにとっても、永遠の課題だと思います。実際にフランスでやっていても、仮に5パーセントでもレベルを上げたら、もっと高い段階でプレーできるよというようなアドバイスをよくもらいますから。自分でもそう感じますし」

――体力面についてはいかがですか？　年齢の影響を感じたりするケースはありますか？

「以前に比べれば、トレーニングの量を増やしています。だから体力が落ちているとは感じないし、むしろ自分が課題に挙げている動きの質は、少しずつ上げることができていると思っていて。今の自分は、まだ自分が考えるベストな状態ではないと思います」

——日本のサッカーファンや将来、GKになることを目指している子どもたちは、さらにすごい川島選手を期待していいと？

「(笑)。印象に残るGKでいたいですね。僕の場合は、能活さんやナラさん、松永さんがシュートを止めたシーンが印象に残っているわけだし、自分もそういうGKでいたいなと」

——将来、川島選手のプレーに憧れてGKを目指しましたという子どもたちが、日本代表に入ってくるような状況になったら、喜びも一入じゃないですか？

「そうですね。でも、僕自身はたぶんそのときでも、若い選手にはまだ負けねえぞと思って、頑張っていると思いますけど(笑)」

＊

もともとこのインタビューは、W杯ロシア大会の直後、『フットボール批評』用に実施されたものである。ご承知のように、日本代表は大方の予想を覆して、見事に決勝トーナメントにまで進出したものの、ロストフの地でベルギーに惜敗している。

大会終了後、代表を巡っては様々な意見が飛び交ったが、特に川島は批判の矢面に立たされることが多かった。にもかかわらず、あの状況下でインタビューに応じてくれたというのは、高いプロ意識と責任感のなせる技だろう。

また、2時間を優に超えるロングインタビューでは、ロシア大会の個人的な総括はもとより、ゴールキーピングに関する世界的なトレンドの変化や、自身が体験してきたヨーロッパ各国のサッカー文化の違い、日本人GKが世界と戦っていくための方法論、そして次世代の選手を育成にするにあたって留意すべきことなども腹蔵なく語っている。

個人的に特に印象に残ったのは、近年の日本で当たり前のように唱えられるようになったいくつかの「常識」に対して、警鐘を唱えていた点である。

たとえばフィジカルに勝る外国勢と伍するために、テクニックやプレーの緻密さで対抗していくべきだとする説に対しては、日本人GKのレベルは世界的に見ても一流だと断言した上で、逆にテクニック至上主義に溺れる危険性を指摘。フィジカルを最大限に高めていく努力が伴ってこそ、自分たちの持ち味は初めて活きると喝破している。

スペインサッカーや、テア・シュテーゲンのようなGKなどが注目され、ボールをつないでいくスタイルが、非常に重視されてきたことについても然り。テア・シュテーゲン自身の発言を例に出しつつ、浅薄な議論に溺れるべきではないと説く。

何より傾聴に値するのは、育成モデル万能論とも言うべき傾向に対して、はっきりと一石を投じていることだろう。

むろん川島は貪欲にノウハウを吸収しながら、ゴールキーピングを磨き続けている。だがそこで最も問われるのは、理論や理屈を超えて本質を突き詰めようとする作業——自らにとことん向き合い、弛まず限界に挑戦していこうとする姿勢だという。

「変な理論を与えるなら、自分で考えていったほうがいい」というコメントは、川島が歩んできたキャリアや、内面のストイシズムを反映しているだけではない。次代の日本人GKを育成していく上での、一種のガイドラインとさえなっている。

代表のゴールを守り続けた男は、30代半ばを超えても、今なお額に汗しながら、異国の地で黙々とシュートを受け続ける。それを支えるのは、自らが日本のGK文化作りの一翼を担っているという使命感と、サッカーへの尽きせぬ愛情なのである。

E I J I　K A W A S H I M A

1983年3月20日、埼玉県出身。浦和東高校を卒業後、大宮アルディージャに入団。名古屋グランパス、川崎フロンターレを経て、2010年の南アフリカW杯に出場後、リールセSK（ベルギー）に海外移籍。その後、スタンダール・リエージュ、ダンディー・ユナイテッド（スコットランド）、FCメス（フランス）を経て、2018年夏にストラスブールに入団。ロシアW杯では全4試合に出場し、個人としても3大会連続のワールドカップ出場を果たした。日本代表では通算88試合に出場（2019年2月末現在）。

12 YOSHIO KATO

「世界と戦うためのプロセスは『考える』ことから始まる」

守護神の"普遍"は変わらない

加藤好男

本書のラストを飾るのは、日本サッカー協会（JFA）技術委員会の委員を務める加藤好男氏。日本代表のGKコーチとして南アフリカW杯でのベスト16進出に貢献し、後年はタイのクラブや代表チームのコーチに就任。さらには現在も若手選手や指導者育成の陣頭指揮を執り続ける、日本サッカー界のキーマンである。現役選手時代に体験した、海外におけるゴールキーピングのノウハウ、フランスW杯直後に実現したGKプロジェクト発足の経緯、そして日本人GKの現在地と、技術委員会が追求している壮大なビジョンまで。かつてオシムの右腕を務めた人物が、すべてを語り尽くす。

（取材日：2018年11月14日）

すべては98年フランス大会から始まった

――加藤さんは日本サッカー協会技術委員会で、GKの指導と育成に携わってこられました。現在、技術委員会では日本人GKの育成や目指すべきモデルに関して、どのような指針を掲げられていますか?

「指針自体は、JFAニュースやJFAのテクニカルニュース等で発信させていただいています。GKプロジェクトとしては、指導者養成、ユース育成部門、代表強化を三位一体として捉え、この三本の柱をしっかり構築していく過程で、選手の発掘、育成、あるいは指導者の養成にウェイトをかけて活動しています」

――日本人GKの育成に関しては、1998年8月にGKプロジェクトが発足したことが大きな転機となりました。加藤さんはこのプロジェクトを、どのような経緯で立ち上げられたのでしょうか?

「日本は98年のフランスW杯で初出場を果たしましたが、3連敗で終わりました。大会終了後に協会内で検証したとき、現地から戻ってこられた岡野会長(故・岡野俊一郎氏。日本サッカー協会元会長）が『GKというポジションは、世界と比べて一番差があるのではないか』と指摘されて、当時の技術委員会、強化部会でなんとかして欲しいという指令を出されたんですね。それを受けて、全カテゴリーに関わっているGKの指導者を一堂に集めて、初めて3日間の会議を開催したんです。

参加者には、大学サッカーのGKコーチをされている方や監督をされている方、他にも高校やユース、クラブ、小学生、さらには女子を担当されている、いわゆる2種から4種のライセンスを持っている方が60数名がいました。千葉のエアロビクスセンターに3日間泊まり込んで話をして、どんなトレーニングがいいのか、あるいは現在、どんな練習方法があるのかというようなことを、みんなで洗い出したんです。

そのときに一番言われたのは、GKというポジションは、日本では『3K』とか『5K』と呼ばれていて非常に人気がないということでした。

『3K』とは、きつい、汚い、危険の意味ですが、当時は天然芝や人口芝のグラウンドが整備されているわけではなく､土のグラウンドが一般的で､東京の学校の場合はコンクリートの上で練習するようなケースさえあった。だから子どもたちがGKをやりたがらないというのが、日本の実情だったんです」

――岡野さんは、世界と比べて具体的にどの部分が遅れていると指摘されたのですか？

「遅れているというよりも、当時は指導のほとんどが、その指導者の選手時代の経験則によって行われていたんです。これら経験則も、現役時代に指導を受けた先輩方から伝えられたもので、南米流やヨーロッパ流のノウハウを基に、自分たちで独自に考えられた内容になっていた。

言うなればラーメン屋さんが弟子に伝えていく秘伝の味、あるいは、巻物で代々伝わっていく教えのようなものに近かったんですね。しかもGKは、セービングとはこうあるべきだというような考え方がもともと強いポジションなので、指導者ごとに独特な『色』があったんです。

でもこれらのノウハウは、日本の現状にマッチしているとは言いがたかった。だから日本人が置かれている環境の中で、サッカーやGKに関わっていく際に、どういうノウハウや指導方法が、本当に我々に合っているのかということから考え始めた。その意味では、オシムさんが唱えられた『日本サッカーの日本化』ではありませんが、『日本人GKの日本化』に最初に取り組み始めたのが、3日間のキャンプだったんです」

――今回、私は様々な選手にインタビューを行ってきましたが、南米で指導を受けた選手もいれば、ヨーロッパのコーチに指導を受けた選手、さらにはそのどちらでもなく、部活の中で顧問の先生や学生コーチなどから基礎を学んだ選手もいました。日本において、各種のノウハウが混在してきたことについては、いかがお考えですか？

「それぞれのスタイルはあっていいと思います。ただし、やはり一番大事なのは、日本の環境にマッチしているかどうかになる。

当時は今のように、8歳や10歳のときから少年クラブに入ったりするような環境もなかったですし、GKを専門的に指導される方も限りなく少なかった。そういう環境であればこそ、全員にとって共通の基盤になるような、新しいエッセンスを導入することから始めなければならなかったんです。

1990年頃の日本では、中学や高校の部活を通して、サッカーを習うケースがほとんどでした。それから少しずつ少年団やクラブなどができ始め、指導者も体系的なコーチングを勉強し始めていったのですが、いざ指導者が学ぼうとしても、参考にできる題材自体がない。だから、まずは教本が必要だということで、それが最初の目標になりました」

衝撃を受けたハンガリー代表の練習

――教本には、加藤さんご自身のノウハウや経験値も取り入れられたのでしょうか？

「現役時代の私には、常に疑問に感じていたことがいくつかありました。その中でも特に疑問に感じたのは、自分が今やっているトレーニングの目的が、はっきりしていないということだったんです。

現在のＧＫの練習は『シュートを止める』『ボールを遠くに蹴る』『スローイングで遠くに投げる』『クロスのボールやサイドからの相手の攻撃に対応する』、あるいは『バックパスを受けて、攻撃を組み立てていく』という要素から成り立っています。

しかし私が現役の頃は、すべてのメニューが渾然一体となったトレーニングが毎日行われているだけでした。個々の練習の目的も明確になっていないのに、へとへとになって動けなくなるまで修行僧のように練習すれば、それでいいトレーニングをしたと評価される時代だったんです。ましてや当時は、ＧＫコーチもいない環境でしたから」

――いわゆる根性練習ですね。

12
加藤好男

「そうですね。私は現役時代、自分がやっている練習が正しいのかという疑問をずっと抱いていたのですが、大学時代、全日本学生代表としてプレーするようになってから転機が訪れました。

日本サッカー協会が、ハンガリーからダマスさんという代表チームのGKコーチと代表GKを招いて、日本リーグ所属のGKと指導者、そして大学サッカーに所属するGKと指導者を集めた研修会をやっていただいたんです。あの研修会はまさに衝撃的でした。大きなカルチャーショックでしたね」

――それは、どのような意味においてですか？

「彼らの練習方法には、自分が探し求めていた理由と目的がはっきりあった。

練習は、まず分析からスタートする。試合中にどんな得点シーンがあったのかを分析して、それを踏まえてGKにどんなプレーが必要なのかを考えていく。つまり1970年代中盤で、ヨーロッパにはすでにそういうロジックがあったということなんです。本当に目から鱗が落ちる思いでした。

それと同時に、実際にGKコーチと選手が行うプレーも見たのですが、これもやはり我々とは雲泥の差があった。一つひとつのプレーを、いかに効率的で効果的で、かつ安全なものにしていくかを追求するんです。

たしかにそれまでも、図書館の書棚にあるいろんな指導書を読み漁るような努力をしながら、個人的に研究はしていました。

でも当時はＧＫに関する情報はほとんどなくて。ＧＫは11人の中の一人なんだから、仮に指導書が１００ページぐらいだとしたら、最低でも10ページくらいは解説に割いて欲しいと思いますよね。しかし実際には2、３ページで終わってしまう（笑）。

それだけにダマスさんの指導は刺激になりましたね。まさに我が意を得たりという感じで、そこからは世界がどのようにＧＫを捉えているのかをもっと本格的に研究しようと、海外の書物も取り寄せるようになりました。イングランド、ドイツ、フランス……。それから当時はユーゴスラビアも研究が進んでいましたね。

でも今のようにグーグルで簡単に翻訳できるような時代ではなかったので、多くの方に翻訳してもらいながら、海外から少しずついろんなものを学んでいったんです」

――やはり南米よりも、ヨーロッパの理論のほうがしっくりきたのでしょうか？

「南米には南米の良さもあるんです。人間工学というか、動きのバイオメカニクスの研究に関しては非常に進んでいましたし、ドリル的な反復トレーニングで、身体に自然に覚え込ませていくノウハウがありますから。

ただヨーロッパの場合には、このプレーにはどんな意味があるのか、どうやって失点を防ぐかという明確なロジックがあった。それとやはり、ヨーロッパ流の指導を直接学べる機会を1977年頃にいただいたので、ヨーロッパにすごく傾倒していったんです」

秘伝の教えを言語化せよ

――その蓄積が、98年のフランスW杯後にGKプロジェクトを立ち上げられた際にも役立ったと。

「3日間の講習会では、様々な指導者から、いろんな意見を聞くことができました。誰もが『自分たちは、こういう練習をしているよ』とか、『いや、こんなトレーニング方法もある』と一生懸命、説明してくれるんです。

でも先ほどお話ししたように、当時の日本で行われていた指導は、実際の環境にそぐわないものも多かった。それに個人レベルのノウハウという域を超えていなかったので、特定の指導者以外には、教えられないようなものもありました。だからみんなが共通理解して活用できるような、体系的な理論を作っていたんです」

――秘伝的なものを言語化して、明文化していこうと。

「そうです。いろんな方のノウハウを体系化しつつ、書物から集めた題材も整理して、日本の環境に合う形にしたんです。

ただし現在は、このときに作った方針を見直してブラッシュアップすることにも取り組んでいます。当時は12歳以下のGKを指導できる方もいないし、指導できる組織もなかったので、最初に我々が作った教本では、12歳まではいろんなポジションをやってみて、サッカーに親しみましょうという落とし込みの仕方をしました。

でも最近、諸外国では、やはり『ゴールデン・エイジ』と呼ばれる8歳から10歳、12歳までの間に基礎を教えようということで、9歳くらいから専門的なトレーニングを始めているんですよね。

実際、我々のGKプロジェクトも20年かけて基礎を築いてきたし、2004年からは指導者ライセンスコースをスタートさせて、現在では全国で2167名（2019年2月現在）もの方がGKコーチとして活動されるようになった。ならば我々も諸外国に負けず劣らず、より具体的な指導をスタートする時期を、早めることを検討しているんです」

――新たな試みは、サイズに恵まれた子どもを早い段階からGKにスカウトするという目的も兼ねているのでしょうか？

「そこはまだ難しい分野ですね。たしかに両親の身長など、DNA的なバックボーンから単純に予測することは可能です。我々もJFAアカデミーで過去13年間、手首のX線やレントゲンなどを撮って、成長骨の発育を推定する試みをしてきました。

でも8歳や10歳の子どもでは、最終的に4、5センチの誤差が生まれるケースが多々あるんです。それを考えれば、サイズのある子どもをスカウトするというよりも、まずはサッカーが大好きで、なおかつGKのポジションやプレーに魅力を感じる子どもをもっと増やしていくことが重要になってくる。その土台ができて初めて、早い時期からGKの基本動作を教えることも可能になっていきますから」

――その意味でも、日本サッカー界にスター的なGKが現れて、子どもたちが憧れる対象になっていくことは必要ですね。

「おっしゃる通りです（笑）。現在、アンダー世代のカテゴリーでプレーしている子どもたちのロールモデルは、川口能活選手や楢﨑正剛選手になっている。最近では川島永嗣選手に憧れて、GKになった子どもたちも出てきましたね。

私が現役の頃は、横山謙三さんや船本幸路さんなどが先輩として活躍していらしたんですが、そういうロールモデルの存在はすごく重要なんです。

先日、日本協会とJリーグが共同で開催しているJJPというプロジェクトで、イングランドのU-17のGKコーチの方に来ていただいたんです。

その方によれば、W杯ロシア大会でジョーダン・ピックフォードというGKが活躍したことで、新たなロールモデルができたと。彼の影響によって、GKを目指す子どもたちが増えるんじゃないだろうかとおっしゃっていました。サッカーの母国で、なおかつ世界のトップを走っているイングランドですら、GKのなり手を増やしていくためにいろんな施策を行っているんです。

それより以前に、ドルトムントのGKコーチたちと話した際にも、やはり彼らはマヌエル・ノイヤーという選手が出てきたことによって、ドイツでもGK人気がまた盛り上がってきたと喜んでいました。日本のサッカー界でも、ロールモデルになれるような選手は常に必要になってくるんです」

――イングランドのピックフォードは、キャリアメイクという点でも非常に興味深いものがありました。

12

加藤好男

「彼は反応が速いですし、フィジカル的にも非常に強い。キックも正確に遠くまで蹴ることができるということで、U-17から代表チームに入って活躍したのですが、プレミアリーグではなかなか出場機会に恵まれなかった。プレミアリーグは、ヨーロッパ5大リーグの中でもレギュラー争いが熾烈ですからね。

でも試合勘を磨かなければならないということで、ローン契約で下のカテゴリーのクラブに移籍する道を選んだ。そして出場機会を重ねた上で、ロシア大会の1年半前に、エヴァートンに再び移籍する形をとっている。

出場機会の問題に関しては、Jリーグもプレミアリーグに非常に近いものがあります。ましてやJリーグは外国人枠をさらに広げてきているので、GKのポジション争いも、どんどん激しくなってきている。日本人のGKも競争力をつけて、外国人選手とのレギュラー争いに勝ち残っていくことが求められようになってきたんです」

――近年のJリーグは、韓国人GKの台頭が顕著です。日本人GKの出場機会が奪われていると懸念する声もありますが、この点についてはいかがですか？

「たしかに現在は、韓国代表クラスのGK7名くらいがJリーグに参加しています。でも私自身は、あまりネガティブには捉えていません。

まず普通に考えれば、我々はこのような現状を誇りに思わなければいけない。報酬や待遇、そして競技のレベルの高さという点でも、今のJリーグは韓国代表クラスのGKが来てくれるような水準になっているということですから。

また同じクラブの中でも、他国の代表クラスの選手と競争する以上、レギュラー争いのレベルも高くなっていく。こういう努力を重ねていけば、日本代表に呼ばれるようなところまで到達できる可能性も増えてくると思うんです」

日本人GKの日本化とは？

——わかりました。では日本人の各GKが所属しているクラブと、日本代表の関係について質問させてください。

先ほど、川口選手と楢﨑選手、川島選手の例が出ましたが、GKのプレースタイルは様々です。また個々の選手のスタイルは、各クラブが受け継いでいる伝統や、チームを率いている監督のバックグラウンド、指導を受けているコーチによっても変わってくる。

このようなスタイルの違いをどう捉えるかは大きなテーマですが、加藤さんは過去のインタビューで、代表チームの場合は時間的な制約もあるので、無理に枠にはめるのではなくて、自分の持っているものを引き出すことに腐心したとおっしゃっています。

「ええ、そこにはすごく力を注ぎますね。

私の場合はオシムさんと岡田（武史）さんのときにA代表のGKコーチを任されましたが、その4年間は、所属するクラブのトレーニングが、どういうふうに行われているのかということを常にチェックし続けました。

極端なことを言うと、Jリーグの試合前にウォーミングアップを行う方法にまで目を配り、日本代表に参加したときでもできるだけ同じ状況で、準備をさせてあげるようにしていったんです。そうすることによって、代表の試合でもパフォーマンスを最大限に引き出すことを考えていました」

——ただし日本のサッカー界では、いわゆる「自分たちのサッカー」を確立していくべきだという議論も根強いものがあります。

同じ議論は当然、GKにも当てはまるわけですが、各クラブごとにアプローチやプレースタイルが微妙に違っている現実も存在します。日本サッカーが世界と戦うことを考えた場合、このような方向性の違いはそのままにしておくべきなのか、あるいはなんらかのモデルに収斂させていくべきなのか。どちらだとお考えですか？

「ポイントは2つあると思います。

ひとつ目は『育成』というものをどう捉えるか。私はジェフ時代に、育成年代の指導に約7年関わっていたのですが、そこで重視したのは、いかに個性的な選手を育てられるかということでした。

でも『個性的な選手』という言葉は、慎重に捉えなければならない。たとえば、ある監督がチームに就任して『足の速い左利きの選手を使いたい』と言ったとします。そういうモデルに従って選手を育てていくことは可能ですが、完全に枠にはめてしまうと、監督が代わった瞬間に、チームでは使われなくなってしまう。

その危険性を考えれば、むしろアカデミーや育成年代の指導では、個々の選手の特徴を伸ばしながら、いろいろな監督が目指すサッカーに、すぐにアダプトできる適応能力を高めることも、すごく重要になってくる」

——おっしゃっていることはよくわかります。たとえば日本代表でもオシム監督、岡田武史監督、ザッケローニ監督、ハリルホジッチ監督、西野朗監督、そして現在の森保一監督と、GKに求めるプレースタイルは微妙に変わってきました。

12

加藤好男

「それと同時に重要なのは、GKのプレーというものをいかに考えるか。GKには、ゴールを守る、ゴール前のスペースを守る、味方の攻撃に効果的に関わるという3つの普遍的な役割があります。

ゴールを守るというのは根本的な課題ですし、スペースを守る際には、判断力やスピードを磨いて、ディフェンスラインの背後のスペースをより広く守りつつ、横からの高さのあるボールにも対応しなければならない。さらに攻撃に関わるという点で言えば、先ほども述べたように、監督が目指すスタイルにしっかり対応することも大切になる。

これらの要素はきわめて普遍的なものであって、ある意味では南米型だとかヨーロッパ型といった違いに左右されないものなんです。実際、どんな監督さんに話を聞いても、『GKの仕事は失点をゼロに抑えることだ。それさえきちんとやってくれれば、自分のチームは試合に負けないからね』と、はっきり言われますから」

――特定のモデルに収斂していくよりも、個の特徴を最大限に伸ばしつつ、3つの役割を確実にこなしていける選手を育成していくことが重要だと。

「そうだと思います。だからこそ段階的に指導していくことが大事で。若年層の段階から、一つひとつのテクニックを確実に身に付けていく必要がある。

フィールドプレイヤーと違って、GKにはボールを手で扱うという特異性がありますし、オーバースローや、ボールを手で持ってから蹴るという特殊なテクニックも求められてきますから。速く、的確に判断できるようにするために、サッカーの理解を深めていくことも当然、キーポイントになると思います」

――関連してお尋ねします。世界と戦っていく上では、普遍的な3つのプレーをしっかりこなしつつ、日本人GKの武器だと言えるような要素を、しっかり備えていくことも不可欠になります。それは、どのような要素になると思われますか？

「ひとつの要素として挙げられるのは、やはりサッカーそのものをしっかり理解して、根本的な理解を深めていくことですね。

たとえばGKは、組織的な守備や攻撃の方法に精通した上で、試合をコントロールしていくことが大切になる。ゲームの流れが良ければ、速いテンポでボールをどんどん味方につないでいくのも有効でしょうし、逆に試合の流れが悪ければ、あえてGKのところでブレイクを挟んでいく。じっくりボールをキープして相手の出方を見たり、ショートパスの代わりにロングボールを使って、試合の流れを変えていくことも必要になる。

こういうスマートさやクレバーさ、的確な判断力といった要素こそは、日本人GKが世界と戦っていく上で決定的に重要になると思います」

——アジリティや組織性、スタミナなど、様々な要素はあるにせよ、実は「頭脳」こそが世界と戦うための武器になる、「日本人GKの日本化」の根幹にあると。

「そう思います。日本サッカーに関して言えば、アジリティや組織性に加えて、勤勉さ、あるいはチームメイトと密接にコミュニケーションが取れる能力も大きな特徴です。日本人のGKにとっては、こうした自分たちの様々な特徴を活かしていくためにも、とにかくサッカーの知識を高めて、試合を見る目を養い、判断力を磨いていくことが何よりも大切になるんです」

サイズの壁をいかに乗り越えるか

——ただし、まさにその判断力を磨いていく部分で、GKは他のポジションよりも不利な状況に立たされやすいのも事実です。

たとえばチーム内ではレギュラーの枠自体が少ないため、経験値を高めていくのが難しい状況がしばしば生まれてしまう。この点については、どう思われますか？

「その意味では、日本サッカー界が取り組んできたリーグ戦の整備は、非常に有効なシステムだと思います。もちろん先ほど述べたように、J1では出場枠の問題が出てきていますので、J2やJ3では、できるだけ日本人GKに出場の機会を与えていくような施策なども今後は当然、考えていかなければいけない」

――経験値に関して、もう一点質問させてください。

世界と戦うためには海外での経験を積むことも有効ですが、日本人GKはなかなか出場機会を確保できない。テクニックは世界に比べても引けをとらないのに、身体のサイズで弾かれてしまうケースが多いという現実もあります。このような状況は、どうすれば克服できるのでしょうか？

「ひとつは身体的な能力や反応の速さでカバーしていく方法です。日本人はアジリティが高いとよく言われますが、これはGKも同じで、まずは高められる能力を最大限に高めていく必要がある。

たとえば川口選手は身長は180センチほどですが、ジャンプ力に関しては相当高いものがあるんですよね。サイズの面で不利ならば、スピードやジャンプ力のような、違う武器でカバーしていくやり方は有効だと思います。

ただし我々は、大型GKプロジェクトというものを立ち上げて、中学年代であれば180センチ以上、高校生であれば185センチ以上のGKをあえて選抜し、その子たちに刺激を与えていくための試みも地道にやってきました。この成果も20年くらいの歳月を経て、少しずつ現れてきています。現在は190センチ台に迫るGKが、U-18年代でも出てくるようになりましたから。

今度の東京五輪を目指す年代で言えば、オビ・パウエル・オビンナ選手というJFAアカデミー出身のハーフの選手がいます。また影山雅永監督が率いているU-18の日本代表チームが、静岡で行われたSBSカップという大会に臨んだ際には、小久保玲央ブライアンという選手や、相澤ピーターコアミという選手が招集されている。彼らはハーフの選手たちで、身長も本当に高く190センチを超えているんです」

――子どもたちの発育を正確に予想するのは難しいにせよ、サイズの差は徐々に解消されていると。

「やはり海外に進出して、ヨーロッパの5大リーグで試合に出られるような選手が将来的に出てくることは我々の夢でもあるし、目標でもありますから。

ただし、そのためには語学力も必要ですよね。

たとえば川島選手は、日本にいた頃から意識的に語学を学んで、今はヨーロッパで戦えるようになった。川口選手もそうですよね。イングランドのポーツマスからデンマークに渡るなど、未知の世界にチャレンジしてきた。

こういう努力は本当にすばらしいと思います。海外でプレーするという目標や夢に向かって、地道な努力を重ねていくという点でも、川島選手や川口選手などをロールモデルにする子どもたちが出てきて欲しいですね」

――たしかにコミュニケーション能力は重要ですね。海外でのプレーとなれば、なおさら不可欠の要素になってきます。

「そうですね。そのためにも、まずはサッカーの理解を深めていかなければならない。DFという自分に距離が一番近い選手たちをコントロールできないと、あの広いゴールを守りきるのは本当に難しいですから。

そして次には、人間関係が重要になってきます。自分の声掛けに対して、前の選手が思うように動いてくれるかどうかは内面的な問題ですから。オフ・ザ・ピッチも含めて、しっかりとコミュニケーションが取れていないと、自分の真意が伝わらないケースも出てくる。これは一般社会と同じだと思います。

言葉ができても、人間同士の信頼関係がなければ味方は動いてくれません。そして何よりもサッカーの知識を深めて、的確な判断を下せるようにしていく。それがなければ、正しい指示は出せませんから」

きっかけ作りの大切さ

――こうしてお話をうかがっていると、加藤さんが取り組まれてきた様々なことは、やはり最終的には個々の選手に対して「考えること」を促すための仕組み作りだったような印象を受けます。

「おっしゃる通りです。最終的には、それが自分の問題解決を助けることになると思いますから。

たしかにコーチはアドバイスをします。でもコーチがすべてをやれるわけではありません。選手としての伸びしろは、自分で変わっていこうとする健全な野心を持てるかどうかにかかってくる。我々の仕事は、その刺激を与えていくことなんです。

たとえば世界で活躍したようなＧＫに来てもらって、日本の選手たちと一緒に練習をしてもらう機会を作ることなども、刺激を与えるひとつの方法だと思います。

私自身、２００３年にイングランドでＢ級の指導者コースを受講した際には、当時トリニダード・トバゴ代表で、ウェストハム所属だったシャカ・ヒスロップという選手と親しくなりました。私もウェストハムに留学した経験があって、共通の知人がいましたから」

――ヒスロップはポーツマス時代、川口選手と一緒にプレーした選手ですよね。

「ええ。ですから川口選手の話題でも盛り上がったのですが、実際の練習はすごかった。スローイングすると、ハーフラインを楽々越えてセンターサークルの後ろまで届くんですね。クロスボールに対しても、バーの上に手が全部出てしまうぐらいの高さでキャッチしてしまう。キックも相手のペナルティエリアにノーバウンドで入ってしまうとか、我々とは次元が違うんです。

あのときは日本の高校生や大学生が、このレベルの選手と一緒にプレーしたり、練習することができれば、すごくいい刺激になるだろうなと痛感しましたね」

――加藤さんご自身が、かつてハンガリー代表ＧＫの練習に衝撃を受けたのと同じですね。

「講習会ではなかなか伝わりづらくても、一緒に練習すると世界との差がはっきりわかるんです。それと同時に、同じ人間がやっていることだから、自分にも到達できると思う子どもたちもいるかもしれない。

私自身、現役時代に日本代表に初めて呼ばれた際には、瀬田（龍彦）さんや田口（光久）さんのプレーを見て、反応の速さに度肝を抜かれた半面、あの手の突き方を覚えれば、自分もすばやく立ち上がれるかもしれないとヒントをもらいましたから。『鉄は熱いうちに打て』ではありませんが、若い選手に向けて、そういう場をどんどん作っていきたいと思っています」

――ＧＫプロジェクトのホームページに掲げられている、「世界との差、世界との立ち位置」を実感するいい機会になりますね。

「そうなんです。直接肌で感じるためには、一緒に練習するのがベストだと思います。たしかに日本の場合、武者修行的にＪリーグで一緒に練習させてもらうのはなかなか難しくなっている。それは海外でも同じなんです。私の現役時代はイングランドに行って、トップリーグで一緒に練習させてもらえるような環境があったのですが、それもできなくなってしまった。

でもその代わりに、今ではユーチューブなどの動画サイトで、世界中のプレイヤーの練習も見られる時代になっていますよね。

これは私に言わせれば、想像もできないような変化なんです。私たちの頃はサッカーの雑誌が月に1回出て、そこで何枚かの写真を見ることしか方法がなかった。動画なんてありませんから、トレーシングペーパーを写真の上に置いて手や頭の位置を抜き出して、それを真似して練習していたんです。

でも今はiPadやスマホなどで動画を見ながら、世界トップレベルのプレイヤーの練習を真似できるんです。だからこれからの時代の子どもたちは、目から入る情報をいかに自分の中にうまく置き換えていくかが大事になると思いますね」

学び続けることの大切さ

——ある意味、今の子どもたちは情報の面では恵まれ過ぎているのかもしれません。

「私もたまにSNSで、世界のトップレベルのプレーをわざとアップしたりしているんですけど、反応が来るのは自分たちと変わらない世代のおじさんばかりで(笑)。サッカーファンの中には、ひたすら海外の動画を見ていらっしゃる方も多いですからね。

でも私は同じことをぜひ選手に、しかも育成年代の選手にして欲しいんです。暇さえあれば動画を見て、この動きはどうやっているんだろうとか、どうしてあんなに遠くにボールを蹴られるんだろうといったノウハウを研究して欲しい。それこそ、手に入る情報なんてたくさんあるわけですから。

でも恵まれている反面、反骨や野心、願望、サッカーがうまくなりたい、強くなりたいというハングリー精神にやや欠ける部分があるので、我々としてはそこをなんとか引き出して、刺激を与えたいなとも思いますね」

――そういう意味でも、Jリーグや日本代表で活躍している選手の実例が伝わるといいですね。今回取材した方々は、誰もが熱心にトップ選手のプレーを研究されていました。話し出すと、止まらなくなった方がほとんどでした。

「そうですね。一流の選手たちは、ずっと見ていると思います。自分が代表に関わったときにも、遠藤保仁と中村俊輔はリラックスルームで、次の対戦相手のＤＶＤなどをずっと見ていましたから。

たとえばフリーキックを得たときの相手の壁の作り方。どういう高さの人間がどういう順番で並び、どういう角度で立っているのか。あるいはＧＫの位置や予測の仕方、キックの瞬間にジャンプするのは誰か、股の下を抜かれている選手は誰かといったことも、過去の試合までずっとさかのぼりながら、ひたすら見ていた。

だから、２０１０年の南アフリカ大会のデンマーク戦では、遠藤が本田圭佑とともにすばらしいフリーキックを決めましたが、我々のように関わってきた立場からすれば、あれは偶然ではなくて必然の結果だとわかるんです。あれだけ練習して、毎日研究までしているわけですから。

それは俊輔も同じで。彼は研究熱心だったからこそ、セルティック時代にはマンチェスター・ユナイテッドの名手ファン・デル・サールを相手に、2試合続けてゴールを決めることができた。つまり彼らのフリーキックがすばらしい理由は、技術だけではないということなんです。これはＧＫにもあてはまります」

川口、楢﨑、川島の存在感

――これまで様々なＧＫを指導されたかと思いますが、将来、日本人が目指していくべきタイプに近いかもしれないと感じられた選手は？

「自分はＧＫというポジションで、かれこれ51年間サッカーに関わってきましたが、やはり日本でトップクラスの選手には、皆、共通する点があったと思います。

たとえば川島選手。彼に最初に出会ったのは、浦和東高校に進学するときでした。サッカー部の監督をされていた野崎（正治）先生は、私が大学時代にユニバーシアードへ参加した際に同部屋だった方で、その野崎先生から連絡をいただいたことがきっかけです。『今度、すごく能力の高いGKが入学してくれることになった。ただし、うちの高校にはGKコーチがいないから、練習を見てもらえないだろうか？』というのが第一報でした。

実際に練習を見て驚きましたね。15歳にしてはすごく身体が大きくて、身体能力もすばらしいものを持っていた。技術的にはまだまだでしたが、メンタリティもすごく強くて。こちらに向かってくるタイプで、なにか課題を指摘すると、『じゃあ、どうすればいいんですか？』と、どんどん聞いてくる。

そこで私は課題をひとつ与えました。当時の川島選手は、右足のキックに関してはすばらしいものを持っていて、ハーフラインまで楽々蹴ることができたのですが、左足は30メートルも届かなかった。そこを改善するために、フォーム作りをアドバイスしました。助走をたくさん取るとバランスが崩れるので、まずは一歩の助走でミートだけをイメージする。助手の振り方などの身体の動きも、右足で蹴る場合とまったく同じようにするんだと助言したことを覚えています。

『次に会うときまでに、少なくとも35メートルは蹴られるように』と言ったら、35メートルどころか、はるかに遠くまでボールを蹴られるようになっていました。あの瞬間に、この子はひょっとしたら将来、プロや代表に入ってくるかもしれないと感じましたね。

実際問題、そういうふうに感じさせてくれる選手は意外に少ないんです。サイズも大きく、ポテンシャルもすばらしいなと感じる子どもがいても、そういう選手に限ってハートが弱かったり努力を怠ったりして、課題から目をそらしてしまう。そこで本当に努力をして、最後の最後まで上り詰められる選手は決して多くありません」

――努力する姿勢まで含めて、才能だと。

「日本は98年からワールドカップの本大会に出場してきましたが、試合に出たＧＫは３人しかいない。川口選手が６試合、楢﨑選手が４試合。そして川島選手が11試合。３人合わせて21試合に出場したというのが、ワールドカップにおける日本人ＧＫの歴史です。

３人に共通しているのは、サッカーに真剣に向き合う姿勢。彼らはメンタリティまで含めて日本のトップ・オブ・ザ・トップです」

――テクニカルな要素やプレースタイル云々ではない次元で、日本人のＧＫを文字通り代表してきたと。

「3人はGKというポジションに対する探究心もすごかった。何より、自分に限界を定めないんです。これはすごく大事な要素で。自分でこれ以上はできないと限界を決めた時点で、技術やレベルは一気に伸びなくなりますから」

――しかもサッカーはどんどん進化している。なおさら不断の研究が必要になります。

「戦術や技術、プレースタイルは常に変化していますし、用具やボール、スタジアムもどんどん変わってくる。ロシア大会では、天然芝と人工芝を合わせたハイブリッドターフが使用されましたしね。それにGKに関するルールでさえ変わってくる。

この変化についていくためには、選手も変わり続けていかなければいけません。常に新しい状況に適応していく能力の重要性は、今回のワールドカップを見ても明らかだったと思います」

12

加藤好男

GKにしか味わえない喜び

――今回のインタビューでは、ご自身の経験から、GKプロジェクトの経緯、日本人選手の現在地までをうかがいましたが、日本における育成や強化の責任者として、現在の手応えをどう感じていらっしゃいますか？

「ここまでやってきて本当に良かったですね。最初は教本を作って、正しい情報を発信することから始めたわけですが、今ではライセンスを持っている指導者も２１６７名になり、何よりもＧＫの指導に興味を持っていただける方がすごく増えました。

小学生年代でも驚くほどしっかりとした指導をされているコーチもいますし、小学生とは思えないほど、基本動作がすばらしい選手も出てきた。こういう選手を見るとワクワクしますし、すごく嬉しくなりますね」

――もちろん、個々の指導者や選手がさらに努力を続けていくことが大前提になるにせよ、日本のＧＫ育成環境や、日本人ＧＫ全体の未来は明るいと。

「将来性はすごくあると思いますね。まだまだ発展途上ですが、だからこそやりがいもあります」

――ＧＫは因果な職業だと言われますが、ＧＫへの道を選び、今こうして育成全体に関わられて良かったなと実感されますか？

「もちろんです。ＧＫはピッチ上で、一番離れた場所にいる者同士ですよね。でも共通点や共感できることがすごくあるので、お互いに感情移入しやすいし、リスペクトも生まれやすい。川口選手と楢﨑選手がわかりやすい例ですが、健全なライバル関係や本当に深い友情が生まれるのは、GKというポジションのすばらしさのひとつだと思います。

それともうひとつ、自分が世界を飛び回る中でよく感じるのは、同じような絆が世界のGKとも生まれるということですね。現役時代はもちろん、指導者になった後も経験者同士ということで共通言語ができて、すぐに感情移入できる。これはGKが独特のポジションで、選手も独特な思考をするからなんです。

ブラジルでは、GKはやってはいけない職業のひとつらしく、変わり者だとか変人だとかよく言われましたが、だからこそわかりあえるという部分は間違いなくありますね」

――3Kのポジションどころか、GK冥利に尽きますね。

「むしろお互いの苦労がわかっているので、選手同士が会うとあっという間に仲良くなれるんでしょうね」

――自分たちは、こんなに素敵なポジションをやっているんだと。

「ええ、そうです。私は今もそれを実感し続けていますね」

＊

「日本サッカーの日本化」が目指すべき道だとしても、同じロジックを守護神に適用することは可能なのか。そもそも我々は、「日本人GKの日本化」をいかに図るべきなのか。

オシムが掲げたテーゼを検証すべく、様々な人々にインタビューを行ってきたが、最後に取材に応じてくれたのは、そのオシムときわめて深いかかわりを持つ加藤好男だった。

加藤はもともと1980年から古河電工のゴールを守ってきた人物であり、Jリーグ発足後は、ジェフユナイテッド市原（現在のジェフユナイテッド市原・千葉）でプレーするようになった。また日本代表のGKコーチとして、オシムを支えた経歴も持つ。

最後の取材者となったのは偶然の巡り合わせだが、彼がじっくりと語ってくれた内容は、「日本人GKの日本化」――日本サッカー界が世界と戦えるようになるための試行錯誤の歴史に他ならなかった。

まるでラーメン屋に伝わる秘伝の味の如き方法論を、誰もが共有できる体系的なマニュアルに昇華させていく試み、選手を指導する以前に、指導者そのものを育成していくための枠組み作りにまつわる証言などは、今日の日本サッカー界が、無数の人々の献身的な努力の上に成り立っていることを我々に教える。

加藤自身が体験した個人的なエピソードも、きわめて興味深い。目的も理由も定かではない根性練習式のトレーニングがまかり通っていた頃、来日したハンガリーの指導者が披露した練習風景を目の当たりにし、これこそ自分が探し求めていたものだったと得心する場面などは、当時の状況が目に浮かぶようだった。

ただし何よりも大きな収穫は、加藤自身の口を通して「日本人GKの日本化」なるものの本質を語ってもらったことだ。

たしかに加藤はジェフや日本協会の一員として、GK育成の枠組み作りに奔走してきた。またタイのクラブチームや代表チームのGKコーチも務めるなど、豊富な経験と長年の研鑽によって磨かれた理論に関しては、揺るぎないものを誇る。

ところが彼は理論やモデル、育成システムの大切さ、体格に優れた若い世代を発掘していくことの必要性を踏まえた上で、こう喝破した。

「（試合の流れを読む）スマートさやクレバーさ、判断力といった要素こそは、日本人GKが世界と戦っていく上で決定的に重要になる」

加藤の指摘は、一連のインタビューで各人が異口同音に語ったことにも重なり合う。

むろん誰もが独自の目標と理想を掲げ、たゆまぬ努力を続けていた。だが、そこには絶対的な「正解」など存在しない。むしろ痣だらけになりながら数え切れないほどのシュートを受け、彼我の体格差に悩み、ピッチ上でも自宅に戻ってからも、一人で悶々とサッカーについて考えるプロセスこそが、「日本人GKの日本化」なのである。

別れ際、加藤は「この本が出るのを楽しみにしていますよ。僕自身、まだまだGKについて勉強中ですから」と、微笑みながら語りかけてきた。

世界との戦いはこれからも続いていく。国を挙げての総力戦は、さらに熾烈を増していくだろう。だが真剣に悩み、苦しみ、考える作業を続けていけば、日本人GKが世界と戦える日は必ず訪れる。その日は遠くないはずだ。

Y O S H I O　K A T O

1957年生まれ。大阪商業大学を卒業し、1980年、古河電工サッカー部へ所属。同年より日本代表レギュラーとなる。1991年、東日本ジェイアール古河サッカークラブとプロ契約し、1994年に現役引退。ジェフ市原育成部コーチを経て、年代別日本代表スタッフやGKプロジェクトのインストラクターを歴任。2006年のオシム監督時代から2010年の南アW杯まで日本代表GKコーチを務めた。その後、JFAナショナルトレセンコーチ、GKプロジェクトリーダーとして指導にあたりながら、2018年に日本サッカー協会技術委員に就任した。

あとがき

「日本人ＧＫの日本化とはなにか」

このテーマを思いついたのは、２０１４年頃だった。

一冊の本を書くというのは、ウルトラマラソンやアイアンマンレースに出場するようなものだと感じることがよくあるが、今回は5年間も走り続けていた計算になる。道なき道を行く険しさは、ピーター・シュマイケル相手に、センターラインからファインゴールを決めようとするような、無謀な挑戦に近かったかもしれない。

しかも書籍は、情熱やアイディアだけでは形にならない。思い入れや独自の視点がなければ何も生まれないが、意を汲んでくれる編集者の存在も大前提になる。

もともとこの企画は、「スポーツ・グラフィック・ナンバー」向けに、権田修一選手と西川周作選手にインタビューを行ったのが契機となった。両選手は多忙なスケジュールを縫って取材に応じてくれただけでなく、力強く背中を押してくれた。

かくして独自に取材をスタートさせ、いずれは書籍にまとめてみたいと思うようになったが、本当に大変なのはそこからだった。

そもそも日本では、ＧＫを対象にした書籍自体がきわめて少ない。たしかに指導書や技術解説書はいくつか出ていたが、個々の選手が抱いてきたＧＫ哲学やサッカー観、さらに述べれば、一個人としてのバックグラウンドや人生観にまで踏み込みつつ、日本人ＧＫ全体の現在地を考察しようなど試みる書籍は皆無だった。

当然、知り合いの編集者に打診しても、色よい返事は一向に返ってこない。そのような状況の中、カンゼンの森哲也編集長だけは違った反応を示してくれた。思い切って企画書を持ち込むとすぐに目を通し、開口一番、「これ面白そうですね、ぜひやってみましょう！」と、キックオフのホイッスルを吹いてくれた。

森さんには第6回サッカー本大賞で翻訳本大賞に選ばれた拙訳、『億万長者サッカークラブ サッカー界を支配する狂気のマネーゲーム』を出版する際にも、ご無理をお願いして企画を通していただいた。この本が誕生したのも森さんのお陰である。

サッカーの試合同様、書籍を出版する際には、さまざまなサポートスタッフの存在も重要になる。取材や本書の制作にあたっては村山伸氏、吉村洋人氏、加藤健一氏のお力をお借りした。三谷悠氏にも、最後まで辛抱づよく付き合っていただいた。

僕をアシストしてくれたかつてのチームメイト、元ナンバー編集部の野田健介氏と釜谷一平氏にも感謝したい。そもそも権田選手と西川選手に取材をする機会を作ってくれたのは彼らである。

イビチャ・オシム氏と、ピエール・リトバルスキー氏にも深く御礼を申し上げたい。

本書で繰り返し述べてきたように、僕を取材に駆り立てたのは「日本サッカーの日本化」というテーゼはGKにも適用し得るのか。日本人GKは何を武器に、世界と戦っていくべきなのかという問題意識だった。

このモチーフを与えてくれたのが、オシム氏であることは指摘するまでもない。本書には収録されていないが、一連の取材をしていく過程では、旧ユーゴスラヴィアの国内リーグなどでプレーし、現在は後進の指導にあたっている方にも話をうかがうこともできた。

リトバルスキー氏には、ドイツにおけるGK育成事情や、ヨーロッパサッカーにおけるゴールキーピングの変化などを、事あるごとに解説していただいた。ちなみに氏は元ドイツ代表の名GK、ハラルト・シューマッハーの親友であり、興味深いエピソードを幾度となく聞かせていただいた。僕がGKに対して興味を抱くようになったのは、リトバルスキー氏から受けた影響とも無縁ではない。

ピッチサイドのベンチに座りながら、サッカーという競技とGKの変化、そして日本代表を俯瞰してきた総監督がオシム氏なら、テクニカルエリアに立って僕に指示を出したり、モチベーションを与えたりしてくれたヘッドコーチが、リトバルスキー氏だったと言えるだろう。両氏は日本サッカーに対して、今も深い愛情を注ぎ続けている。この本をささやかな感謝の印として受け取っていただければ幸いだ。

サッカーの試合は、観客がいなければ興業として成立しない。

読者のみなさんが手にとって読んでくださるからこそ、僕たちは取材をして本を書くことができる。しかも年明けに出版が告知された時点から、多くの方がツイッターなどで取り上げてくださった。どれほど励みになったかは一言で表現しきれない。

またこの場をお借りして、取材の機会を与えてくださった各選手や指導者の方々、各クラブ、JFAにも改めて御礼を申し上げたい。

今回の取材ではインタビューが終わる度に、誰もが「GK本楽しみにしてますね。今後もぜひ、いろんなＧＫの取材を続けていってください」と声をかけてくれた。

僕はその言葉を、自分への叱咤激励のメッセージとしてだけでなく、サッカーやＧＫそのものに対する関心を少しでも高め、日本サッカーを盛り上げていきたいという切実な思いの発露として真摯に受け止めた。この本が、ひたむきな情熱と努力を傾けている多くの方々にとって、少しでも役立つものとなれば望外の喜びだ。

最後は個人的な謝辞を述べたい。僕を常に見守り、励まし、応援してくださる井上伸一郎氏、浅間芳朗氏、鈴木文彦氏、稲川正和氏、柚江章氏、柳沢章裕氏、宮田文久氏、田村修一氏、二宮寿朗氏、木崎伸也氏、吉田憲生氏、岩渕健輔氏、山中忍氏、永川智子氏、太田昭二氏、細川純也氏、前田肇氏、西尾裕成氏、西本和照氏、山下泰延氏、江原一志氏、石田博之氏、木村安宏氏、水野春彦氏、大崎安芸路氏、また故人となられた植田さやか氏、トム・ティレル氏、デイヴィッド・ミーク氏、田邉一郎氏、藤井太郎氏に心から御礼を申し上げます。

亡き父と母、そして家族にも、もちろん感謝しなければならない。

ひどいオウンゴールを献上しても、僕の人生がかろうじてゲームオーバーになるのを免れているとするなら、それは妻と娘がいつも守護神として立ちはだかり、ファインセーブを連発してくれているからに他ならない。

２０１９年４月　田邉雅之

新GK論

10人の証言から
読み解く日本型
守護神の未来

田邊雅之
MASAYUKI TANABE

1965年、新潟県生まれ。ライター、翻訳家、編集者。『Number』をはじめとして、学生時代から様々な雑誌や書籍の分野でフリーランスとして活動を始める。2000年からNumber編集部に所属。ライター/翻訳家/編集者という三つのわらじを履いて多数の記事を手掛けた後、W杯南ア大会を最後に再びフリーランスとして独立。主な著書に『ファーガソンの薫陶』(幻冬舎)、『戦術の教科書 サッカーの進化を読み解く思想史』(カンゼン・共著)、翻訳書に『知られざるペップ・グアルディオラ』(朝日新聞出版)などがある。サッカー本大賞2019では『億万長者サッカークラブ』(カンゼン)が評価され、二度目の翻訳本大賞を受賞した。

発行日　2019年5月30日 初版

著　者　田邊雅之
発行人　坪井義哉
発行所　株式会社カンゼン
〒101-0021 東京都千代田区外神田2-7-1 開花ビル
TEL 03(5295)7723　FAX 03(5295)7725
http://www.kanzen.jp/
郵便為替00150-7-130339

印刷・製本　株式会社シナノ

ISBN978-4-86255-504-5　Printed in Japan